MW01705177

L'EAU
À LA MAISON

Depuis 1979, **Terre vivante** vous fait partager ses expériences en matière d'écologie pratique : jardinage biologique, alimentation et santé, habitat écologique, énergie.
À travers :
- l'édition de livres pratiques,
- le magazine *Les Quatre Saisons du jardinage*,
- un Centre de découverte de l'écologie pratique à visiter de mai à octobre, dans les Alpes, au pied du Vercors.

Le catalogue des ouvrages publiés par **Terre vivante** est disponible sur simple demande.

Terre vivante, Domaine de Raud, 38710 Mens.
Tél. : 04 76 34 80 80 - Fax : 04 76 34 84 02
Email : info@terrevivante.org
www.terrevivante.org

Coordination éditoriale, conception, réalisation : Béatrice Gauge

Dessins : Christian La Grange, sauf pages 88, 108, 112 (Steen)
Dessins de couverture : Christian La Grange. Photo : Antoine Bosse-Platière
Crédits photographiques
Atelier de l'Entre/Observ'ER : page 121
Philippe Béros : page 11
Antoine Bosse-Platière : pages 4, 14, 16 (droite), 19, 32 (bas), 35(droite), 43, 60 (droite), 65 (haut), 73 (gauche), 80, 90 (droite), 97, 98, 110, 111, 116 (gauche), 119, 120, 123, 126
Sandrine Cabrit-Leclerc : page 121
Gilles Larbi : pages 16 (gauche), 20, 21, 22, 24, 27, 28, 30, 31, 32 (haut), 35 (gauche), 37, 38, 41, 44, 45, 49, 50, 53, 54, 56, 58, 60 (gauche), 62, 65 (bas), 67, 68, 71, 73 (droite), 74, 77, 80, 82, 83, 90 (gauche), 92, 107, 116 (droite), 117, 125, 129, 130, 133, 135
Yvan Saint-Jour : page 101
Wilo : page 111

© **Terre vivante**, Mens, France, 2005, 2007
ISBN13 : 978-2-914717-18-2

Tous droits de traduction, de reproduction et d'adaptation, par tous les moyens tant actuels que futurs, strictement réservés pour tous pays.

Sandrine Cabrit-Leclerc

L'EAU À LA MAISON

mode d'emploi écologique

terre vivante
L'ÉCOLOGIE PRATIQUE

Sommaire

ANNEXES

À Max, si généreux, qui a su nous donner sens critique,
mais aussi optimisme et espoir...

Préambule

L'environnement est complexe, les interactions nombreuses, et si on souhaite apporter une solution à un certain nombre de problèmes, il y a nécessité, comme le disait René Jules Dubos[1] « de penser globalement et d'agir localement ».
Tous les sondages le disent : les Français semblent préoccupés par l'environnement, ils ressentent la nécessité de le protéger, mais lorsqu'il faut passer à l'action, c'est une autre histoire...

Pour avoir une approche globale, il est nécessaire de clarifier certains points concernant l'eau. C'est pourquoi dans une première partie nous aborderons le cycle de l'eau et les problèmes liés à la fragilité de cette ressource : disponibilité, utilisations, pollutions d'aujourd'hui qui auront des conséquences demain sur notre environnement.
Dans une deuxième partie, nous décrirons le cycle de l'eau dans la maison : comment l'eau potable arrive-t-elle à notre robinet 7 jours sur 7, 24 heures sur 24 ?
Dans une troisième partie, nous verrons qu'il est indispensable de changer notre vision, car l'eau disponible se raréfie. Il est urgent que l'eau de pluie soit gérée au niveau de la parcelle individuelle : l'utilisation de cette eau peut être une alternative au système de distribution collectif d'eau potable.

1. 1901-1982. Biochimiste américain d'origine française.

Tout au long de cet ouvrage, nous décrirons aussi des actions citoyennes collectives et personnelles qui permettent une meilleure gestion de l'eau.
Enfin, vous trouverez des adresses qui vous permettront d'agir, vous-même, à ces deux niveaux.

J'espère que grâce à ce livre vous réaliserez à quel point passer à l'action ne coûte pas plus cher, ne prend pas plus de temps, et que les bénéfices à en tirer sont énormes autant pour vous que pour les générations futures.

première partie

L'eau
une ressource fragile

Introduction

Dans des temps plus anciens, nos ancêtres dépendaient de la nature, ils devaient la protéger et la respecter, vivre en harmonie avec elle. Aujourd'hui, nous avons perdu cet attachement à la Terre.

« Ce que vous nommez environnement, c'est ce qui reste de ce que vous avez détruit ». (Davi Kopenawa Yanomami, chaman et porte-parole des Yanomami[1])

L'eau fait partie de notre vie quotidienne et de notre environnement. Son utilisation est aisée, multiple, et sa gestion de plus en plus complexe.
Il devient urgent de tout mettre en œuvre pour que les générations futures puissent profiter de cette ressource irremplaçable et limitée, aujourd'hui consommée sans retenue et polluée sans états d'âme.

La Pointe du Raz.

1. *Nature sauvage, nature sauvée ? Écologie et peuples autochtones*, Ethnies documents n° 24-25, Paris, Survival, printemps 1999.
Tous les livres ou articles cités en note se trouvent dans la bibliographie p. 153.

L'eau et les systèmes hydrologiques

Le stock d'eau sur le globe est aujourd'hui estimé à 1 390 000 000 km³ (1 km³ = 1 milliard de m³).
Ce stock est inégalement réparti entre cinq réservoirs principaux.

En supposant que l'eau recouvre le globe d'une couche uniforme, nous pourrions répartir les épaisseurs occupées par les diverses formes de l'eau de la manière suivante :

Océan mondial	2700 m	97,6 %
Calottes glaciaires	50 m	1,8 %
Eaux souterraines	15 m	0,54 %
Eaux douces superficielles	0,49 m	0,02 %
Vapeur d'eau athmosphérique	0,03 m	0,001 %

(D'après François Ramade, *Éléments d'écologie appliquée.*)

Nous sommes tous concernés. Même modestes, les actions individuelles deviennent efficaces car elles s'additionnent. Multipliez les petits gestes quotidiens, changez quelques-unes de vos habitudes de comportement et d'achat, et parlez-en autour de vous...

L'eau douce représente moins de 3 % du volume d'eau terrestre. Cette eau douce n'est pas facilement accessible car elle se présente majoritairement sous forme d'eau souterraine ou de calottes glaciaires et de glaciers.

Selon les conditions de température et de pression, l'eau se retrouve à l'état solide, liquide ou vapeur. Sous l'action de l'énergie solaire, l'eau liquide se transforme en vapeur. Ainsi, l'eau s'évapore au niveau des océans, des eaux superficielles continentales (lacs, rivières) et se retrouve dans l'atmosphère. Les végétaux eux aussi participent, grâce à l'évapotranspiration (les plantes évaporent et transpirent), à l'enrichissement en eau de l'atmosphère.
Les vents et autres mouvements de l'atmosphère redistribuent la vapeur d'eau. Dans l'air, l'eau se condense en nuages et retombe sous forme de pluies. Sur les continents, une partie de ces pluies ruisselle et s'écoule vers les cours d'eau et ensuite vers la mer. Une autre partie humecte pour une part le sous-sol – qui retient une partie de l'eau qui sera redistribuée dans l'atmosphère sous forme d'évapotranspiration –, et pour une autre part s'in-

Hydrologique : relatif à l'eau ou à l'hydrologie (science des eaux) filtre vers le sous-sol profond. Les **nappes aquifères** sont ainsi alimentées par infiltration.

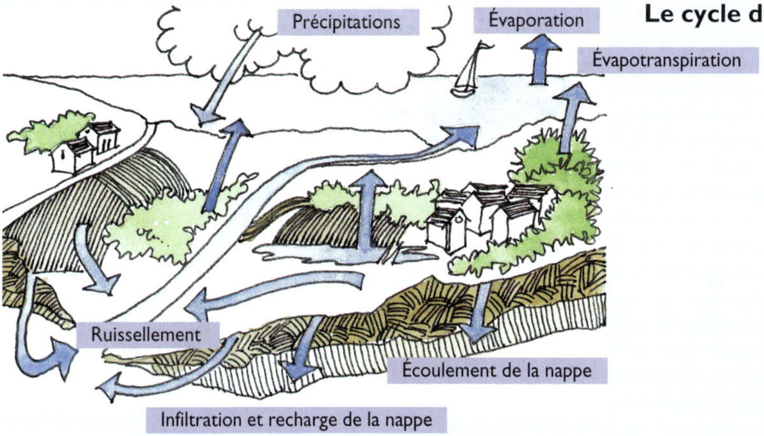

Le cycle de l'eau

Les eaux souterraines

Les eaux souterraines représentent 98 % des eaux des terres émergées et constituent le principal réservoir d'**eau utile**. Elles trouvent leur origine dans les eaux de pluie qui s'infiltrent dans la terre.

Toutes les **formations géologiques** n'ont pas le même comportement vis-à-vis de l'eau qui les imprègne. Chacune a une capacité à contenir l'eau, à la laisser circuler, à lui permettre de fluctuer dans le temps et l'espace.

Chaque roche a un comportement différent vis-à-vis de l'eau. La proportion d'eau par unité de volume dépend de la **porosité** de la roche. Seule une partie de cette eau contenue dans la roche peut circuler, c'est la **perméabilité** (elle dépend de la forme des pores, des fissures et de leur communication).

Les argiles sont des roches poreuses mais imperméables, l'eau n'y circule pas, elle reste **adsorbée**. La porosité des sables dépend de l'arrangement des grains de sable et de leur tassement. La perméabilité, elle, dépend de la taille des grains et de leur teneur en argile (moins il y aura d'argile, plus la roche sera perméable, plus l'eau y circulera facilement).

Nappe aquifère : nappe d'eau souterraine.
Eau utile : stock d'eau mobilisable et exploitable.
Formation géologique : ensemble de roches qui constituent une structure définie.
Porosité : capacité d'une roche à contenir l'eau, liée à la présence de pores qui la constituent.
Perméabilité : capacité d'une roche à laisser passer l'eau.
Adsorption : phénomène physique de fixation de molécules sur la surface d'un solide.

Le dérèglement climatique

La biosphère[1] et le climat entretiennent des relations complexes à travers les cycles de l'eau et du carbone.
L'agriculture intensive, la déforestation, la construction de barrages, l'urbanisation galopante, la disparition des zones humides… perturbent ces cycles et modifient la proportion de lumière solaire réfléchie vers l'espace.
Chaque année, la combustion de carburants fossiles, la déforestation, l'agriculture et l'élevage intensifs rejettent 7 milliards de tonnes de carbone dans l'atmosphère. Une moitié de ce carbone est absorbée par les océans et la végétation, l'autre moitié s'accumule dans l'atmosphère. Le changement climatique modifie les températures des eaux de surface, les courants marins, la composition des espèces marines (impliquées dans l'absorption du carbone), la capacité d'absorption du carbone au niveau des océans diminue. L'effet de serre[2] augmente.
La machine climatique se dérègle, les phénomènes en jeu sont complexes et les scientifiques sont partagés sur le sujet.
Mais une chose est certaine, les conséquences des changements climatiques sur l'eau se font déjà sentir, on observe des changements importants du régime des précipitations et un accroissement des pénuries d'eau. L'augmentation de la température entraîne une augmentation de la vapeur d'eau dans l'atmosphère, d'où des pluies plus abondantes. En Europe, l'année 2000 fut la plus humide depuis plus d'un siècle. Pénuries à certains moments, pluies excessives à d'autres, le climat se dérègle. Les contrastes été-hiver sont accentués et la gestion de l'eau est alors plus délicate. On constate également la fonte des glaciers de montagne et l'augmentation du niveau des mers.

1. Biosphère : « Région de la planète dans laquelle la vie est possible en permanence et qui renferme l'ensemble des êtres vivants. » F. Ramade, *Eléments d'écologie, écologie fondamentale*.
2. « L'effet de serre est un réchauffement de la Terre, des océans et de l'atmosphère dû à la rétention d'une partie de la chaleur induite par les rayons du soleil. » É. Bard, *Les Dossiers de la recherche*, n° 17.

La machine climatique se dérègle et les phénomènes en jeu sont complexes.

Il existe donc plusieurs types de nappe aquifère, que nous pouvons schématiser de la façon suivante :

◗ La base (mur ou substratum) est toujours constituée par une formation géologique imperméable.

◗ La limite supérieure peut être :

– une formation géologique imperméable, on parle alors de nappe captive. L'eau y est sous pression et peut jaillir dans des forages dits artésiens. Ces nappes sont souvent profondes ;

– une formation géologique semi-imperméable, on parle alors de nappe semi-captive ;

– constituée par la limite supérieure de l'aquifère (l'aquifère à nappe libre occupe le réservoir sur une certaine hauteur sans rencontrer d'obstacle limitant son développement vers le haut, la surface supérieure de l'eau fluctue sans contrainte) ; on parle alors de nappe libre. Si la formation perméable va jusqu'à la surface topographique, on parle de nappe phréatique. Ces nappes libres sont directement alimentées par les pluies qui s'infiltrent dans le sol en entraînant des substances polluantes produites par les activités de surface (agriculture, industrie, assainissement, circulation, etc.).

Plusieurs nappes peuvent se superposer. À l'intérieur des nappes, sous l'effet de la gravité, l'eau circule plus ou moins vite vers les points bas et les sorties possibles (rivières,

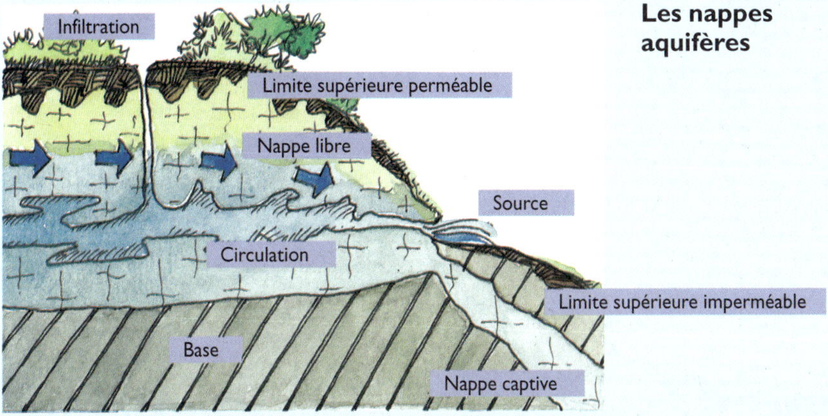

Les nappes aquifères

Karst : processus d'érosion par dissolution. Dans les calcaires karstiques, les eaux pénètrent le calcaire et circulent rapidement et en profondeur en dissolvant la roche, créant canyons, grottes et autres formes typiques.
Écosystème : association d'un environnement physico-chimique spécifique avec une communauté vivante les deux étant en perpétuelle interaction (Tansley 1935).
Hydrosystème : ensemble des cours d'eaux, des bassins versants, des nappes phréatiques et des écosystèmes aquatiques qui leur sont associés.

sources). Dans un **karst** très perméable, l'eau circule en quelques semaines, alors que dans des sables fins argileux peu perméables, la circulation de l'eau peut prendre des années.

Les cours d'eau

Un cours d'eau est un milieu naturel qui joue à la fois :
– un rôle hydraulique, comme collecteur des eaux d'un bassin versant et « transporteur » de ces eaux vers la mer ;
– un rôle biologique en tant que support des **écosystèmes** aquatiques ;
– un rôle paysager par sa structure qui marque l'environnement.

Les cours d'eau ont de nombreuses interactions avec les milieux terrestres de leurs bassins versants, mais aussi avec les nappes phréatiques sous-jacentes. Ils constituent avec l'ensemble des écosystèmes aquatiques qui leur sont associés un assemblage écologique complexe appelé **hydrosystème** fluvial.

Les fleuves et les rivières alimentent les nappes d'eaux souterraines.

Par exemple, la construction d'un barrage aura des impacts importants sur l'environnement comme :
– la réduction du débit naturel de la rivière, la diminution de la vitesse de l'eau, la variation de température des eaux, ensemble de phénomènes qui créent un appauvrissement des écosystèmes d'eau courante ;
– l'augmentation de la sédimentation des limons qui colmatent alors le lit et perturbent l'infiltration de l'eau vers la nappe phréatique ;
– la disparition de certains milieux associés au cours d'eau (zone inondable, **ripisylve**...).

La dégradation d'un des éléments de l'hydrosystème a des répercussions sur tous les autres éléments.

Ripisylve : forêt riveraine du cours d'eau qui joue un rôle essentiel dans le fonctionnement de l'hydrosystème fluvial, elle régule notamment le cycle du phosphore et de l'azote...

Une ressource mal répartie et mal partagée

Aujourd'hui, sur une population mondiale de 6 milliards de personnes, 1,2 milliard n'ont pas accès à l'eau potable, 2,4 milliards sont privées d'assainissement.
« Selon l'ONU, 36 000 personnes meurent quotidiennement de par le monde par manque d'eau potable et par défaut d'assainissement. Dans l'indifférence la plus totale[2] ! »

Stress hydrique et pénurie d'eau

La quantité d'eau renouvelable[3] par personne et par an est souvent prise comme baromètre pour connaître la disponibilité en eau potable d'un pays. L'Organisation des Nations unies pour l'alimentation et l'agriculture (FAO) a développé une échelle permettant d'évaluer la situation hydrique des différents États. Une situation hydrique suffisante a été fixée à 1 700 m^3 d'eau par personne et par an (quantité nécessaire pour satisfaire les besoins d'alimentation, de développement économique et la survie des écosystèmes aquatiques).
Au-dessous de 1 700 m^3 d'eau renouvelable par année et par personne, on parle de pénurie d'eau et on considère que les États sont en situation de stress hydrique et que la situation est préoccupante.

2 Bouguerra, Mohamed Larbi, *Les batailles de l'eau. Pour un bien commun de l'humanité.*
3. On définit les ressources en eau renouvelables internes à un pays comme étant le flux moyen annuel des rivières et des eaux souterraines qui proviennent des précipitations endogènes.

Scénario du stress hydrique en 2025

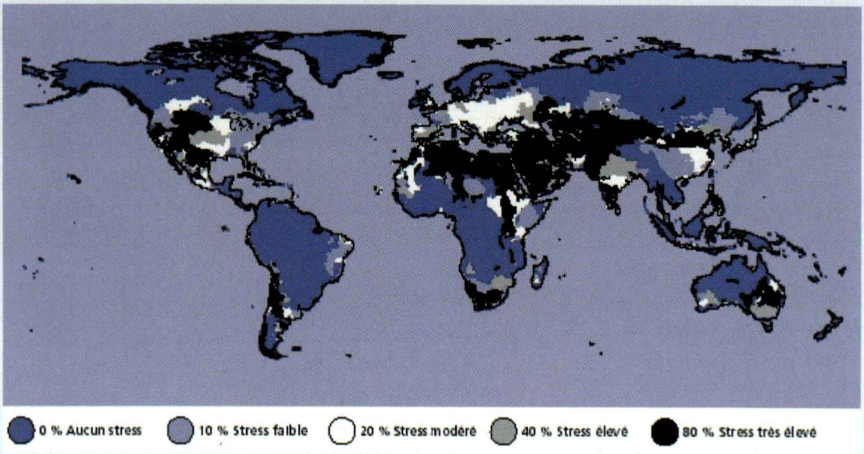

Source : World Water Council.

La question de l'eau est primordiale pour le XXIe siècle. La rareté de l'eau est plus que jamais porteuse de conflits et l'accès à l'« or bleu » demandera de plus en plus de coopération entre les États.

Au-dessous de 1 000 m^3, c'est la sécheresse au sens propre ; on parle de pénurie hydrique.

En 1995, 19 États étaient en situation de pénurie hydrique, les zones principalement touchées étant l'Afrique du Nord et le Moyen-Orient, soit environ 160 millions de personnes, et 11 États étaient en stress hydrique, soit environ 270 millions de personnes.

Les projections pour 2025 sont alarmantes : 1,7 milliard de personnes se retrouveront dans un contexte de pénurie hydrique et 2,3 milliards devraient souffrir de stress hydrique[4].

Pollution de l'eau et conflits

Les pollutions importantes et la dégradation de l'environnement (déforestation, urbanisation incontrôlée, réchauffement climatique…) ne font qu'augmenter la difficulté et le coût d'accès à la ressource.

Les États en pleine croissance (économique et démographique) doivent s'assurer d'un approvisionnement continu en eau, et ce, sur de longues périodes. De nombreuses tensions naissent entre différentes communautés pour le partage de la même source d'approvisionnement.

4. D. Deschênes, « L'eau, pénurie, conflit ou coopération », bulletin *Le Maintien de la paix*, n° 48.

L'eau en France

Les différents usages de l'eau

Les transformations démographiques et économiques intervenues après la Seconde Guerre mondiale ont entraîné un accroissement des utilisations de l'eau : dans les agglomérations, les besoins en eau ont doublé entre 1945 et 1985.

Dans les agglomérations, les besoins en eau ont doublé entre 1945 et 1985.

En France, environ 170 milliards de m^3 d'eau s'écoulent dans fleuves et rivières et alimentent les nappes souterraines ; sur notre territoire le stock d'eaux souterraines est lui estimé à 2 000 milliards de m^3, dont seule une partie est facilement utilisable.

Chaque année, 34 milliards de m^3 d'eau douce environ sont prélevés pour satisfaire les activités humaines :

Industrie	3,6 milliards de m^3	11 %
Agriculture et irrigation	4,8 milliards de m^3	14 %
Production d'eau potable et usages domestiques	6 milliards de m^3	18 %
Refroidissement des centrales thermiques de production d'électricité	19,3 milliards de m^3	57 %

L'eau fait partie de notre environnement.

Prélèvements et consommations d'eau en France

Prélèvements d'eau : volumes d'eau pris dans le milieu naturel dont une partie sera restituée dans le milieu naturel.
Consommations nettes d'eau : volumes d'eau pris dans le milieu naturel qui ne seront pas restitués dans le milieu naturel.

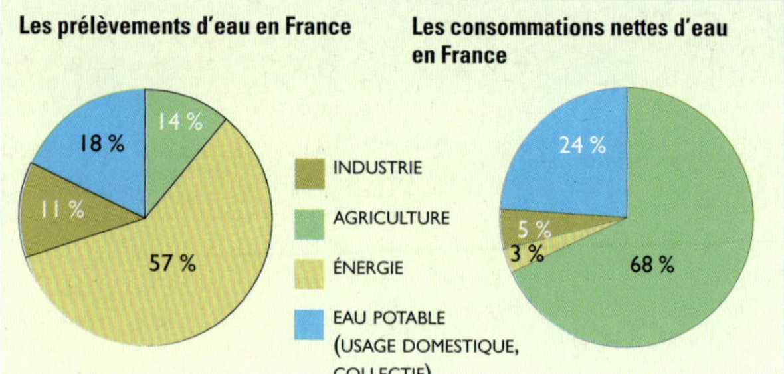

Source : Agence de l'eau.

L'industrie

L'industrie (11 % des volumes d'eau prélevés en France) utilise l'eau dans ses procédés de fabrication ; bien souvent, elle rejette des effluents plus ou moins pollués, ce qui constitue une menace directe et chronique sur les milieux naturels. Mais les industries sont de plus en plus encouragées par les agences de l'eau grâce à des aides de financement d'une part, et par les réglementations d'autre part, à réduire les prélèvements d'eau (en utilisant des technologies de plus en plus pointues qui permettent par exemple l'utilisation de l'eau en circuit fermé) et à diminuer les rejets d'effluents polluants.

À GAUCHE 6 milliards de m³ d'eau sont prélevés chaque année pour les usages domestiques.
À DROITE Il subsiste encore bien des cas où les rejets d'eaux polluées se font sans traitement préalable.

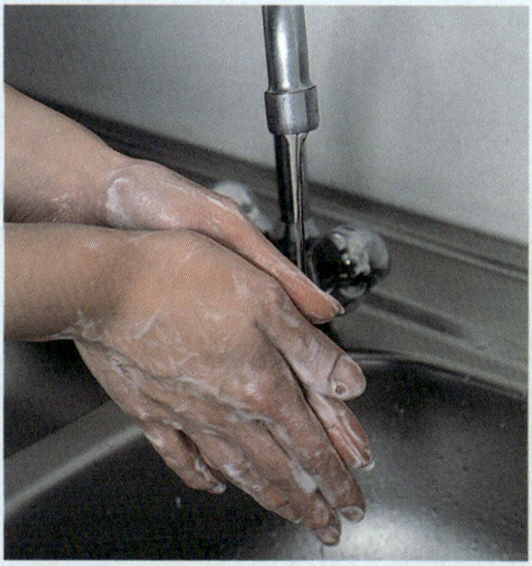

L'agriculture

14 % des volumes d'eau prélevés en France chaque année sont utilisés pour l'irrigation, ce qui pourrait sembler peu. Pourtant, très peu de cette eau utilisée est restituée au milieu naturel (car utilisée par les plantes), et cette pratique constitue donc une forte pression sur la ressource en eau.

L'irrigation agricole puise largement dans les ressources en eau parfois sans nécessité réelle.

En 1970, 5 400 km² de surface agricole étaient irrigués en France. En 1997, plus de 20 000 km² – soit une augmentation de 270 % en 27 ans.

Et depuis 1997, cette surface irriguée ne cesse d'augmenter. Aujourd'hui près de 20 % de la surface agricole utilisée sont équipés pour l'irrigation[1]. Cela concerne principalement la culture du maïs utilisé pour l'alimentation animale (en élevage intensif). Il existe des techniques d'irrigation, comme le goutte-à-goutte (seul le sol au niveau des racines des plantes est humidifié ce qui évite le ruissellement et l'évaporation), économes en eau, mais ces techniques sont encore peu répandues en France du fait d'infrastructures coûteuses.

L'irrigation pratiquée sans précaution menace les zones humides, en abaissant le niveau des nappes phréatiques.

L'irrigation par aspersion[2] représente 95% du marché et constitue une forte pression sur la ressource en eau.

1. G. Gleyses, T. Rieu, *L'irrigation en France, état des lieux 2000 et évolution.*
2 Des tuyaux mobiles alimentent des systèmes d'aspersion qui arrosent les plantes comme le ferait la pluie.

L'irrigation par aspersion est en constante progression.

La plus grande partie de l'eau prélevée en France est destinée au refroidissement des centrales thermiques.

Dans le marais Poitevin, en 20 ans, les prélèvements d'eau pour l'irrigation (entre autres, celle du maïs) ont été multipliés par 40.

La production d'énergie

La plus grande partie de l'eau prélevée en France (57 %) est destinée au refroidissement des centrales thermiques (à flammes et nucléaires), une grande partie est restituée au milieu naturel (94 %) mais cela n'est pas sans effets sur celui-ci. En effet, après avoir refroidi les circuits des centrales, cette eau est rejetée à une température plus élevée que celle du milieu et cela peut affecter la vie aquatique. Diffuse et non visible, la pollution thermique n'est souvent pas considérée comme une véritable pollution. Ses effets sur les milieux naturels peuvent se faire sentir sur le très long terme, l'augmentation de la température modifiant, par exemple, les facteurs de reproduction des espèces aquatiques.

Le refroidissement des centrales nucléaires nécessite un gros prélèvement en eaux ; une grande partie sera ensuite restituée dans le milieu naturel.

Passez à l'action

Pour vos achats

En tant que consommateur responsable, vous pouvez faire le choix de consommer moins de viande et de n'acheter que de la viande provenant d'élevages extensifs, dans lesquels les animaux sont nourris avec de l'herbe et non du maïs…

Dans votre jardin

Soyez économe en eau et composez avec l'environnement. Utilisez l'eau de pluie (tous les conseils et astuces p. 115). Là où l'eau manque, plantez des plantes sobres. Là où elle abonde, choisissez des végétaux naturellement adaptés aux milieux humides. Dans un jardin, il faudra réduire les surfaces les plus exigeantes en arrosages : gazon de graminées, plates-bandes de fleurs annuelles, jardinières, cultures potagères, et les localiser de manière pertinente, si possible en les regroupant. Il faudra créer des espaces « sobres » : massifs arbustifs, rocaille, mare ou bassin, plates-bandes de vivaces ou de bulbeuses bien choisies[1].

1. Voir l'ouvrage de J.-P. Thorez, *Le Guide malin de l'eau au jardin*.

L'eau en France et sa gestion

Les bassins versants

En France, depuis 1964, la politique de gestion de l'eau est organisée autour de 6 zones géographiques nommées « **bassins versants** »[3].

Un bassin est un ensemble de terres irriguées par un même réseau hydrographique : un fleuve, avec tous ses affluents et tous les cours d'eau qui les alimentent. Ces terres collectent également les précipitations. À l'intérieur d'un même bassin, toutes les eaux reçues suivent, du fait du relief, une pente naturelle commune vers la même mer.

À l'échelle de chaque bassin correspondent deux instances chargées de gérer et de protéger les ressources en eau :

– le comité de bassin définit les grands axes de la politique de gestion de l'eau et de protection des milieux naturels ;

– les agences de l'eau distribuent des aides financières aux collectivités locales, aux industriels et aux agriculteurs qui s'engagent à sauvegarder les ressources et la qualité de l'eau.

Bassin versant : unité géographique de terres irriguées par un même réseau hydrographique dont les eaux convergent vers le même point bas.

3. Les bassins Rhône-Méditerranée-Corse, Rhin-Meuse, Loire-Bretagne, Seine-Normandie, Adour-Garonne et Artois-Picardie.

Toutes les eaux d'un bassin versant convergent vers un même point bas.

Quel que soit le type de gestion, le maire est toujours responsable de la salubrité publique sur sa commune, il doit veiller à la qualité de l'eau distribuée et prendre les mesures qui s'imposent en cas de non-respect de la réglementation.

Pour subventionner ces opérations, les agences de l'eau perçoivent des redevances auprès de tous les utilisateurs de l'eau, calculées selon le principe du « pollueur-payeur », en fonction des quantités de pollution rejetées et des volumes d'eau prélevés (voir annexe p. 144).

La distribution de l'eau potable et l'assainissement

En France, la gestion de la distribution d'eau potable constitue un service public communal. Selon les communes, la gestion de ce service peut être assurée en gestion directe (régie) ou déléguée (affermage ou concession). Le préfet assure le contrôle technique, administratif, financier et sanitaire des distributions d'eau publiques.

En France, la gestion déléguée est fréquente pour ce qui est de la distribution d'eau potable et de l'assainissement. Elle représente plus de 75 % de la distribution d'eau potable en nombre d'usagers. Dans le reste du monde, seulement 5 % du marché de l'eau sont confiés à des gestionnaires privés.

Aujourd'hui, trois compagnies privées spécialisées dans la distribution de l'eau potable et l'assainissement se partagent le marché de l'eau : l'ex-Compagnie générale des eaux devenue Vivendi en 1998, la Lyonnaise des eaux, aujourd'hui Suez-Ondeo, et SAUR (Société d'aménagement urbain et rural) ; à elles trois, elles facturent plus de 80 % de l'eau potable distribuée en France.
Ce monopole rend particulièrement malaisé tout contrôle par la collectivité et les usagers : il est par exemple difficile de connaître la marge bénéficiaire du délégataire, et

En mars 2000, après dix années de batailles juridiques (suite à diverses malversations et augmentations incontrôlées du prix de l'eau), la gestion de l'eau à Grenoble retourne en régie. La gestion directe du service public va permettre de faire économiser environ 60 millions d'euros aux usagers d'ici à 2014 (date à laquelle aurait dû prendre fin la concession avec la Lyonnaise des eaux).

Mode de gestion	Qui finance ?	Qui exploite ?	Qui contrôle la qualité de l'eau distribuée ?
Gestion directe (régie)	La collectivité (commune ou regroupement de communes) réalise les investissements en équipements.	La collectivité exploite avec le personnel de la collectivité (en totale autonomie).	La collectivité
Gestion déléguée par contrat d'affermage	La collectivité (commune ou regroupement de communes) finance les investissements et la réalisation des équipements.	Un organisme privé assure l'exploitation du service.	L'organisme privé en charge de l'exploitation du service
Gestion déléguée par contrat de concession	Une entreprise privée finance les investissements et le fonctionnement des équipements.	Cette même entreprise assure l'exploitation du service.	L'organisme privé en charge de l'exploitation du service

Les commissions consultatives des services publics locaux sont obligatoires dans les communes de 10 000 habitants ou plus. Leur objectif est d'assurer une transparence dans la gestion de l'eau.

cela malgré la mise en place des commissions consultatives des services publics locaux (CCSPL), oblligatoires dans chaque commune d'au moins 10 000 habitants.
Ces commissions comprennent des représentants d'associations locales nommés par la collectivité territoriale, ainsi que des élus de la collectivité territoriale. La concertation en leur sein porte sur les modalités de gestion des services publics locaux comme la gestion de l'eau et l'assainissement. Elles doivent être consultées avant toute décision de délégation de service public ou de retour en régie et sur le rapport annuel du délégataire. L'objectif étant de renforcer la transparence dans la gestion des services.

Des associations vigilantes

Des mouvements de contestation luttent pour que chacun ait droit à une eau de qualité à un prix accessible à tous.
L'eau et sa distribution ne devraient pas être source de profit. De plus en plus de citoyens mécontents se regroupent au sein d'associations de consommateurs d'eau[1].
Des associations comme ATTAC travaillent avec les municipalités françaises pour un retour à une réelle gestion publique de l'eau (retour en régie directe pour une meilleure transparence des finances). ATTAC propose qu'à l'occasion de la renégociation des contrats d'affermage, le personnel technique travaillant pour le service de l'eau soit embauché par la collectivité. ATTAC parle de « réappropriation citoyenne », de manière à créer des structures locales transparentes contrôlées par les élus et les citoyens.

1. Coordonnées dans « Adresses utiles », p. 150.

Les pollutions de l'eau

Des pollutions d'origines variées

Sous l'action des activités humaines, la qualité naturelle des eaux est dégradée. L'eau est le réceptacle des pollutions chimiques, organiques, microbiologiques, radioactives, etc., d'origines agricoles, industrielles et urbaines.

Nature des polluants	Origine
Polluants chimiques : minéraux	
Composés azotés	Activité agricole, rejets domestiques, décharges
Sulfates	Activité industrielle
Chlorures	Rejets d'eaux usées, industries extractives
Cyanures	Sidérurgie, pétrochimie, cokeries
Cadmium, chrome, mercure, plomb, nickel, etc.	Activités industrielles
Polluants chimiques : organiques	
Détergents	Rejets domestiques
Pesticides	Agriculture
Composés organo-halogénés	Rejets industriels
Hydrocarbures	Circulation routière, fuites (pipeline), accidents
PCB	Utilisés dans les peintures, plastiques, transformateurs au pyralène
Matière organique	Rejets domestiques
Polluants microbiologiques	
Bactéries, virus	Rejets d'eaux usées, cimetières

Certains égouts s'écoulent directement dans la mer sans traitement préalable des eaux polluées.

Dans cet ouvrage, seront plus particulièrement étudiées les pollutions dues aux phosphates, aux détergents et aux pesticides. Car nous pouvons agir sur celles-ci directement par des gestes simples.

Les pollutions agricoles

Dans les régions agricoles, engrais et pesticides sont épandus, accumulés dans les sols, lessivés et infiltrés vers les eaux souterraines. Les pollutions diffuses agricoles, après avoir été longtemps ignorées, posent de plus en plus de problèmes. Rivières et aquifères souterrains sont largement pollués par les nitrates, les phosphates et les pesticides.

Les pollutions industrielles

Les pollutions industrielles, même si elles sont aujourd'hui globalement maîtrisées, l'arsenal réglementaire aidant, nous laissent des quantités de sols pollués.

La circulation routière crée des pollutions chroniques et permanentes (hydrocarbures, métaux lourds) mais est aussi à l'origine de pollution accidentelle (déversement de produits dangereux transportés par des poids lourds, par exemple en cas d'accident).

Les pollutions domestiques

Les pollutions organiques d'origine domestique sont les plus anciennes, elles sont liées aux rejets d'eaux usées. Malgré des efforts trop tardifs (création de systèmes d'assainissement dans les années 1960), la qualité des eaux

À GAUCHE *Les pesticides sont une source importante de pollution.*
À DROITE *Les zones imperméables favorisent le ruissellement et réduisent l'infiltration progressive dans les sols.*

que nous rejetons est inférieure à celle demandée par les directives européennes.

Les zones urbanisées, donc imperméables, se développent, avec pour effet une augmentation des ruissellements et une réduction de l'infiltration de l'eau dans les nappes. Dans les villes, l'accroissement des concentrations humaines et de leurs activités provoque des rejets plus importants, créant dans les milieux naturels des pollutions localisées.

Différentes qualités requises

Il est difficile d'évaluer la qualité de l'eau. En effet, cette notion de qualité dépend des usages que l'on souhaite faire de l'eau. Un pêcheur, un baigneur, un organisme chargé de distribuer de l'eau potable n'auront pas les mêmes critères.

En France, on définit donc la qualité de l'eau par rapport à l'usage que l'on en fera :
- alimentation en eau potable et industrie agroalimentaire ;
- industrie ;
- énergie ;
- irrigation ;
- abreuvage des animaux.

Les pollutions des eaux de surface

La pollution due aux phosphates

Depuis la fin de la Seconde Guerre mondiale, la population n'a cessé d'augmenter et avec elle les activités humaines se sont multipliées. Les quantités de phosphore[1] déversées dans les milieux naturels ont alors considérablement augmenté. Industrie et agriculture en sont partiellement responsables, mais ce sont les rejets domestiques qui contribuent le plus à la pollution par les phosphates[2].

En moyenne, 50 % du phosphore déversé dans le réseau hydrographique provient des toilettes, douches, lave-linge, lave-vaisselle, etc.

Les détergents (lessives, produits vaisselle) contiennent du phosphore sous forme de phosphates. Or, un apport exagéré de substances nutritives (comme le phosphore) dans des eaux de surface (lacs, étangs et rivières) augmente la production d'algues et de plantes aquatiques. La décomposition et la minéralisation de ces algues lorsqu'elles meurent consomment l'oxygène dissous dans l'eau. Plus il y a

1. Pour traiter le phosphore, les stations d'épuration doivent être équipées d'installations spécifiques et toutes ne le sont pas.
2 Guy Barroin, *Le Courrier de l'environnement*, n° 48.

Eutrophisation : enrichissement excessif de l'eau en azote et/ou en phosphore entraînant des déséquilibres écologiques.

d'algues, moins il y a d'oxygène et les conditions de vie deviennent difficiles pour la flore et la faune de ces milieux aquatiques. Ce phénomène d'« asphyxie » des eaux de surface est appelé **eutrophisation**.

L'eutrophisation des eaux littorales provoque de nombreuses marées vertes.

Depuis plus de 30 ans, la communauté scientifique alerte les pouvoirs publics sur la pollution due aux phosphates.

Le lac Léman est la plus grande réserve d'eau potable d'Europe occidentale. En 1986, les Suisses ont interdit les phosphates dans les lessives. Côté français, pas d'interdiction, mais un timide accord avec les industriels en 1991 promettait un taux maximal de 20 % de phosphore dans les lessives. Aujourd'hui encore, chaque année, environ 33 tonnes de phosphore issu des détergents pour les machines à laver la vaisselle et les lessives textiles arrivent dans le lac Léman[3].

3. CIPEL Voir « Adresses utiles », p. 150.

Les pollutions dues aux nitrates

Les pollutions engendrées par les nitrates sont principalement des pollutions diffuses agricoles (dues à la fertilisation excessive des cultures intensives et à la forte concentration d'élevages). La Bretagne est une région très touchée par cette pollution. Depuis les années 70 et jusqu'en 1999, les concentrations en nitrates des eaux de surface n'ont cessé d'augmenter. Après une baisse sensible en 1999, il semble qu'aujourd'hui ces valeurs se stabilisent. Longtemps sujette à des dépassements du seuil réglementaire de nitrates dans l'eau potable, l'eau distribuée est de nouveau (depuis 4 ans) conforme au seuil réglementaire (concentration en nitrates <= 50 mg/l). Seul 1,5 % de la population bretonne a été alimenté par une eau dépassant ce seuil. Cette évolution positive est due à une baisse de concentration des nitrates dans les eaux brutes mais également à l'abandon de certains captages trop chargés en nitrates, au mélange des eaux et au traitement de dénitrification dans les stations de traitement de l'eau potable.

Les pollutions marines

C'est dans les eaux littorales que la totalité des pollutions se retrouvent…
Résultat, depuis plus de 20 ans, les eaux littorales sont le siège d'eutrophisation.
En Bretagne, cela se traduit par des marées vertes (nuisances olfactives, tactiles, visuelles) qui, entre 1998 et 2003, sont en augmentation de 10 %.
Sur la côte méditerranéenne, les lagunes, territoire entre terre et mer, constituent un patrimoine écologique exceptionnel mais fragile. Le phénomène d'eutrophisation est là aussi un problème majeur, car l'augmentation de la production de végétaux aquatiques entraîne la disparition de plusieurs espèces. Dans le bassin Languedoc-Roussillon, en 2003, sur 37 stations de surveillance, 20 étaient dans un état « mauvais » vis-à-vis de l'eutrophisation et 4 dans un état « médiocre ».

Les modifications biologiques et chimiques résultant de la pollution par les phosphates posent de nombreux problèmes : diminution des espèces de poissons, prolifération des parasites, abondance des algues, ce qui dimininue les performances de traitement pour obtenir de l'eau potable.

La pollution due aux tensioactifs

Les tensioactifs sont les agents lavants utilisés dans les détergents (lessives, produits vaisselle, produits d'entretien de la maison – sol, WC, etc.). Ils peuvent être fabriqués à partir de matières premières naturelles ou synthétiques (origine pétrolière).
D'une manière générale, pour être biodégradables, les molécules doivent se décomposer facilement et rapidement dans l'eau ou la nature. Il existe deux types de **biodégradabilité** : une primaire où les molécules sont « cassées » en plusieurs morceaux, puis une biodégradabilité finale, où les morceaux sont encore une fois dégradés

Biodégradabilité : capacité d'une substance à se décomposer par l'action des micro-organismes, champignons et bactéries.

RÉGLEMENTATION
Une directive européenne[1] impose que la biodégradabilité primaire des tensioactifs contenus dans les détergents soit de 90 % au minimum. Cette exigence est limitée et ne considère pas les sous-produits de la première dégradation. C'est pourquoi la dernière modification de la directive entrée en vigueur le 8 octobre 2005 fixe le niveau de biodégradabilité finale à 60 % en 28 jours. Cette valeur de biodégradabilité n'est pas acceptable pour la communauté scientifique, car elle reste insuffisante pour la préservation des milieux naturels. Que deviennent les 40 % qui restent dans la nature ? Au bout de combien de temps seront-ils dégradés ? Et quels effets auront-ils eu sur les organismes vivants ?

1. Directive européenne du 22 novembre 1973 et ses modifications de 1982 et 1986.

en molécules plus petites (la biodégradabilité ultime est atteinte lorsque ces molécules plus petites deviennent sans danger pour l'environnement).
Les tensioactifs sont des molécules faiblement biodégradables, ils réduisent les échanges entre l'air et l'eau et sont donc toxiques pour les organismes aquatiques et la végétation littorale.
Depuis une vingtaine d'années, la pollution du littoral marin par les embruns véhiculant notamment des tensioactifs est dénoncée par nombre de scientifiques. Plusieurs espèces d'arbres se meurent doucement : pins, genévrier, chêne vert, laurier-rose sont rongés par les produits contenus dans nos détergents. Il est donc important que les produits lavants que nous utilisons se dégradent facilement et rapidement dans l'environnement.

Un marketing efficace

L'Observatoire de la consommation durable[1] a réalisé un rapport sur les nettoyants multi-usages et les nettoyants pour sanitaires. On y découvre que les informations données par les fabricants sur la biodégradabilité des produits n'ont bien souvent aucune utilité pour le consommateur et qu'elles n'indiquent qu'une conformité à la loi…
Une information utile pour le consommateur devrait donc mentionner :
– les ingrédients concernés (ceux sur lesquels on a évalué la biodégradabilité) ;
– le type de biodégradabilité : finale ou primaire ;
– le pourcentage de biodégradabilité ;
– la méthode de test utilisée pour évaluer cette biodégradabilité (les tests doivent faire référence à des normes européennes ou de l'OCDE).

1. Voir « Adresses utiles » p. 150.

Les « noix » de lavage peuvent remplacer la lessive habituelle (voir encadré page suivante).

Afin de sauvegarder les arbres des bords de mer, soyez vigilant sur la composition des détergents que vous utilisez.

Voici donc quelques exemples que nous pouvons lire sur les étiquettes de nettoyant ménager :

Dénomination	Niveau d''information pour le consommateur
Biodégradable	Aucune utilité
Biodégradabilité des agents nettoyants supérieure à 90 %	Aucune utilité
100 % biodégradable en 30 jours	**Information importante**
Biodégradable à 99 %	Aucune utilité (Quelle molécule est biodégradable ? En combien de temps ?)
Agents tensioactifs biodégradables à plus de 98 % selon test OCDE screening	**Information importante**
Tensioactifs facilement biodégradables	Aucune utilité

Faites des économies et protéger la planète

J'ai testé les pommes ou « noix » indiennes de lavage. L'arbre dont sont issues ces noix s'appelle le Rittha (*Sapindus mukorossi*), il pousse abondamment au Népal et en Inde. Les coques de ces fruits contiennent de la saponine, un agent naturel lavant qui se dissout à mesure que la température de l'eau s'élève. Pour un lavage de votre linge en machine de 5 kg (entre 30 °C et 90 °C), vous déposerez 4 à 6 moitiés de coquilles au fond du tambour (que vous réutiliserez 1 à 3 fois en fonction du programme de lavage ; un lavage à 30 °C aura dissous moins de saponine, vous pourrez donc réutiliser les noix). Pour éviter que votre linge blanc « grisaille », vous pouvez ajouter au lavage une cuillère à soupe de percarbonate de sodium (que l'on trouve en droguerie ou dans les magasins spécialisés en produits « bio ») et, pour parfumer le linge, vous pouvez ajouter quelques gouttes d'huile essentielle de lavande. Un sac de 1 kilo coûte environ 20 euros et dure un an pour deux lessives hebdomadaires.

Vous trouverez ce produit dans de nombreux magasins spécialisés « bio ».

Quant aux taches vraiment rebelles, vous pouvez, avant de déposer le linge dans la machine, les recouvrir de savon de Marseille.

Passez à l'action

Lorsque vous choisissez un détergent, achetez-le sans phosphates, ni phosphonates…

Pour vous aider dans votre choix, la Commission internationale pour la protection des eaux du Léman contre la pollution (CIPEL) a fait, en 2005, un inventaire le plus exhaustif possible des produits lave-vaisselle et lave-linge disponibles sur le bassin Lémanique (la plupart des produits sont ceux que l'on trouve partout en France) et a établi les quantités de phosphore rejeté à chaque cycle de lavage[1]. Il ressort de cette étude que les lessives contiennent souvent plus de phosphates qu'on ne pense. Il est important de se forcer à lire les étiquettes avant d'acheter une lessive.

Apprenez à lire les étiquettes.

Composants	À favoriser	À éviter ou à proscrire
Agents lavants	– Savon – Tensioactifs provenant d'acide gras d'origine végétale (coprah, palme, colza, coco...) – Biodégradabilité supérieure à 98 % en moins de 30 jours	Tensioactifs synthétiques (lorsque les tensioactifs sont d'origine naturelle, ils sont indiqués)
Adjuvants (anti-calcaire)	– Zéolites (utilisés dans les lessives en poudre sans phosphates) – Citrate de sodium – Carbonate de sodium associé au silicate de sodium (inhibiteur de corrosion des matériaux)	– TPP (tripolyphosphate de sodium) – Phosphates ; en France, depuis 1991, les teneurs en phosphates sont limitées à 20 % (en Suisse les phosphates sont interdits depuis 1986). – Phosphonates – NTA (nitrilotriacétate de sodium) utilisé pour remplacer le TPP, mais soupçonné de fixer les métaux lourds… – EDTA (éthylène diamine tétraacétyl) : activateur d'agents de blanchiment, très difficilement biodégradable et très toxique car il fixe les métaux lourds. – Polycarboxllates
Agent de blanchiment	Percarbonate de sodium	– Perborate de sodium (agent de blanchiment qui agit à plus de 60 °C, souvent associé à EDTA) – Azurants optiques (produits dérivés du stilbène) susceptibles d'être cancérigènes et allergisants
Autres		– Colorants – Solvants et conservateurs de synthèse (utilisés dans les lessives liquides)

Astuce :
pour éviter que votre machine s'entartre, faites-la tourner 1 ou 2 fois par an, à vide, à 60 °C, avec 1 litre de vinaigre blanc.

N'utilisez pas d'assouplissants.

Ils sont riches en tensioactifs, parfums et conservateurs.

Respectez les doses recommandées par le fabricant ou réduisez-les.

Réduisez-les en fonction du degré de saleté et de la teneur en calcaire de votre eau. Si vous utilisez de l'eau de pluie (pauvre en calcaire), vous pouvez réduire considérablement les doses de lessive. Utiliser des boules de lavage permet d'augmenter l'efficacité de la lessive et donc de diminuer les doses.
Votre linge ne sera pas plus propre si vous utilisez plus de produit que nécessaire, mais les eaux, elles, seront plus polluées…

Faites tourner vos machines lorsqu'elles sont pleines.

Vérifiez également la composition des produits vaisselle et des détergents.

Préférez les produits ne contenant ni phosphates ni solvants et dont la biodégradabilité finale est supérieure à 98 % en quelques jours (moins de 30).

1. Vous trouverez la liste de tous ces produits sur le site Internet de la CIPEL. Voir « Adresses utiles » p. 150.

Les gestes domestiques les plus courants ne sont pas anodins : ils peuvent aider à préserver l'environnement.

Action collective

En tant que citoyens, vous avez le pouvoir d'agir et de demander des comptes à nos élus.

- Exigez des produits totalement biodégradables, demandez l'interdiction des produits nocifs pour l'environnement (pour la plupart issus de la chimie organique de synthèse). Pour cela, vous pouvez rejoindre ou soutenir des associations.

- Pour faire pression auprès des élus, pour que les directives européennes prennent en compte les problèmes de pollution au niveau global et que soient imposées aux fabricants de lessive des normes strictes qui permettent de préserver l'environnement, vous pouvez faire appel à un médiateur européen.

Son rôle est de recevoir les plaintes des citoyens concernant « une mauvaise administration » de la part des institutions ou des organes communautaires. Dès lors, il procède à une enquête et adresse la plainte à l'institution concernée qui dispose de trois mois pour répondre. Il s'efforce de trouver une solution amiable au litige qui oppose la personne à l'institution communautaire concernée.

Comment saisir le médiateur européen ?
Précisez, dans une lettre, le motif de la plainte et mentionnez votre identité. Celle-ci peut rester secrète si vous le demandez. Cette lettre doit être adressée soit au bureau des pétitions du Parlement européen, soit au médiateur européen(voir p. 150).

Les pollutions des eaux souterraines

Réduire une pollution dans une nappe aquifère nécessite des dizaines d'années et peut parfois s'avérer impossible.

Les eaux souterraines sont de plus en plus touchées par des pollutions importantes et persistantes.
Les eaux de pluie, en s'infiltrant dans le sol, acquièrent une composition chimique qui dépend des échanges réalisés avec le sol et le sous-sol. On comprend aisément qu'un sol pollué puisse contaminer la nappe sous-jacente si celle-ci n'est pas naturellement protégée par une épaisse couche d'argile par exemple.

Si l'on peut estimer la durée de vie de certains déchets dans le sol (voir tableau p. 38), il est difficile d'évaluer la persistance des polluants dans les eaux souterraines tant les facteurs qui interviennent sont complexes.

Le sol contient des organismes vivants et de l'oxygène qui participent à l'épuration des polluants. Cette capacité d'autoépuration est fonction des polluants, mais aussi de

Il est possible de faire pression auprès des élus en soutenant des actions collectives.

la nature et de la structure du sol, ainsi que de la capacité des micro-organismes du sol à dégrader les polluants.

- En milieu poreux (sables), les actions d'autoépuration sont importantes.
- En milieu fissuré (karst) l'eau circule rapidement, l'autoépuration est donc faible, voire inexistante.

Les polluants peuvent être détectés dans la nappe plus de 20 ans après leur pénétration dans le sol[4].
Dans une nappe aquifère, il n'y a ni micro-organismes, ni oxygène, l'épuration est donc très réduite, seule la dilution de la pollution est possible. C'est pourquoi la pollution persiste, même après interruption de l'introduction du (des) polluant(s). Cette rémanence se manifeste pendant des années, et on peut retrouver ainsi des polluants qui ne sont plus utilisés depuis bien longtemps.

La contamination des eaux souterraines est le signe d'une dégradation profonde et durable des eaux. C'est pourquoi leur protection est une nécessité.

4. *Quand les toxiques se jettent à l'eau...*, agence de l'eau Artois-Picardie, DRIRE et DIREN du Nord–Pas-de-Calais, Association ACORE.

Dans son rapport 2004, l'Institut français de l'environnement (IFEN[5]) montre que des pesticides interdits depuis plusieurs années, tels que le lindane (interdit depuis 1998) ou l'atrazine (interdit depuis 2003) persistent dans les eaux.

5. IFEN, *Les Pesticides dans les eaux, Études et travaux*, n° 42.

Durée de vie des déchets dans le sol

La durée de vie d'un déchet varie en fonction de sa composition et des conditions pédoclimatiques (température, humidité, pH, structure du sol) qu'il subit.

Mouchoir en papier	3 mois
Ticket de bus	3 à 4 mois
Journal	3 à 12 mois
Pelures de fruit	3 mois à 2 ans
Allumette	6 mois
Chaussette en laine	1 an
Mégot de cigarette	1 à 5 ans
Chewing-gum	5 ans
Planche de bois	13 à 15 ans
Boîte de conserve en fer	10 à 100 ans
Briquet jetable	100 ans
Canette en aluminium	200 à 500 ans
Sac en plastique	450 ans
Bouteille en plastique	100 à 1 000 ans
Polystyrène expansé	1 000 ans
Carte téléphonique	1 000 ans
Bouteille en verre	4 000 ans

L'utilisation des pesticides en agriculture est une source importante de pollution des nappes souterraines.

La protection des eaux

La réglementation sur l'eau est complexe.
La loi sur l'eau du 16 décembre 1964 prévoit la mise en place des périmètres de protection autour des captages d'eau potable destinée à la consommation humaine ; à l'intérieur de ces périmètres l'usage des sols est réglementé.
La loi sur l'eau du 2 janvier 1992 vient compléter celle de 1964 en rendant obligatoire la création de périmètres de protection pour tous les captages ne bénéficiant pas de protection naturelle efficace.
Un périmètre de protection immédiate permet de prévenir les risques de pollution directe par introduction du polluant (le terrain doit être enclos). Un deuxième périmètre appelé périmètre de protection rapprochée doit permettre la filtration efficace de la pollution organique (limitation des activités qui s'y trouvent). Un troisième périmètre (facultatif) dit de protection éloignée permet de réglementer les activités sur le terrain.

D'après un rapport du Sénat, en 2001, sur 25 171 points de prélèvements d'eau destinée à la consommation humaine, 35,3 % seulement bénéficiaient de périmètres de protection. Seuls le Bas-Rhin et le Haut-Rhin affichent de bons résultats (72 % et 87 %). Cet échec est en premier lieu lié à la lourdeur et au coût élevé pour la commune de la procédure que le maire doit engager.

Contamination des nappes souterraines

Sur le bassin Adour-Garonne, des campagnes de mesures entre 1999 et 2002 ont montré que 67 % des nappes souterraines surveillées étaient contaminées par des substances issues des produits phytosanitaires, avec des dépassements fréquents du seuil admis (le seuil étant fixé à 0,5 µg/l pour l'ensemble des substances actives). Au printemps 2001, 34 % des sites étaient contaminés. Les substances trouvées portant les « doux noms » d'atrazine, simazine, diuron, alachlore, etc. (célèbres herbicides classés cancérogènes probables, utilisés en agriculture et pour l'entretien des espaces verts).

Les périmètres de protection protègent les lieux de captage, mais cela est insuffisant pour protéger la ressource souterraine dans son ensemble. Il est nécessaire d'avoir une réflexion globale à un échelon plus important que celui de la commune si l'on veut protéger efficacement la ressource.

Des panneaux préviennent de la présence d'un périmètre de protection autour des captages.

Réglementation : la directive cadre sur l'eau de décembre 2000

Une directive européenne impose à chaque État membre une obligation de résultat, mais elle laisse à chacun le choix des moyens. Les objectifs de résultat de la directive cadre sur l'eau sont principalement :
– « bon état écologique » des eaux d'ici 2015 ;
– suppression de 33 substances dangereuses (essentiellement des pesticides et des composants entrant dans la fabrication des plastiques), impliquées dans les pollutions à long terme, d'ici 20 ans ;
– mise en place d'une tarification incitative selon le principe pollueur-payeur.
Les États membres doivent donc tout mettre en œuvre pour restaurer et améliorer les eaux de surface afin de parvenir à un « bon état chimique et écologique ».
La loi sur l'eau du 21 avril 2004 est la transcription en droit français de cette directive. Cette loi a connu bien des remous… Trois ministres de l'écologie ont planché sur ce texte, pour au final le vider de toute substance.
Ainsi, en 2005, le gouvernement renonce à taxer davantage les agriculteurs (le projet de loi Voynet prévoyait de taxer les excédents d'azote en application du principe pollueur-payeur, et prévoyait un doublement de la redevance irrigation).

Contribution aux redevances

Ménages	82 %
Industriels	14 %
Agriculteurs	4 %

Les captages d'eau responsables de pollutions ?

Lorsqu'on réalise un forage, on va chercher l'eau, plus ou moins loin, dans son gîte géologique ; cette action met la ou les nappes traversées en contact à l'air libre et donc en contact direct avec les pollutions potentielles.

C'est pourquoi un forage doit être conçu dans les règles de l'art afin d'éviter toute contamination provenant du sol, d'une nappe supérieure polluée, d'un déversement accidentel sur la zone de forage, etc.

La pollution due aux forages individuels mal conçus est sous-estimée.

38. Voir « Le captage d'eaux souterraines », p. 133.

Pompage sur forage

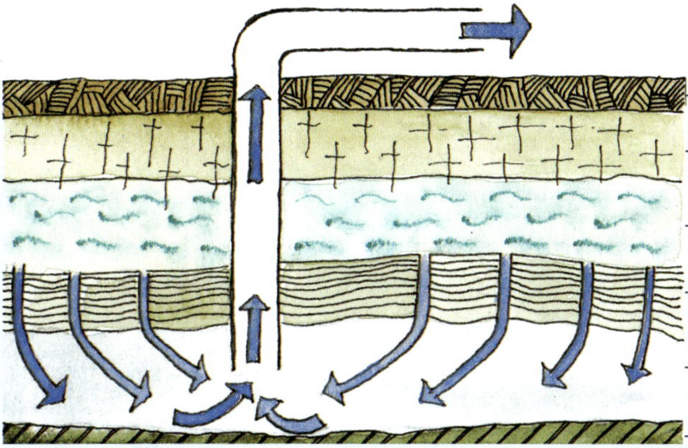

De plus en plus d'abandon de captages

La présence de polluants en trop grande quantité aboutit souvent à la fermeture des captages ; les normes sanitaires étant dépassées, le traitement des eaux devient coûteux voire impossible. Les abandons de captages d'alimentation en eau potable indiquent donc une détérioration de la ressource en eau.

Ces dernières années, on a pu constater une augmentation notable de fermetures de captages décidés par les préfets. En 2002, sur le bassin Loire-Bretagne, 104 captages (essentiellement situés sur des nappes d'eaux souterraines) ont été fermés ; en 1997 ils étaient au nombre de 55. Les causes de fermeture concernent principalement la mauvaise qualité des eaux pour les paramètres bactériologiques et les nitrates ainsi que l'impossibilité de protéger les captages[1].

1. DIREN et agence de l'eau Loire-Bretagne, *SDAGE Loire-Bretagne, tableau de bord 2003.*

Des pesticides dans nos jardins

La présence de pesticides dans les eaux souterraines au-delà d'une concentration de 2 µg par litre d'eau et par substance rend ces eaux inaptes à la production d'eau potable.

Dans son bilan annuel sur les pesticides, l'Institut français de l'environnement a présenté en 2002 des résultats alarmants sur les réseaux de suivi des eaux continentales. Voici les résultats de l'étude qui a porté sur 5 800 stations d'observation, 408 molécules différentes recherchées pour les eaux de surface et 373 pour les eaux souterraines.

- Pour les eaux de surface : dans 80 % des stations on a trouvé au moins une substance active dans des proportions telles que les milieux aquatiques peuvent être perturbés ou bien des concentrations supérieures à la valeur seuil n'autorisant pas le captage de l'eau pour la production d'eau potable sans traitement spécifique.
- Pour les eaux souterraines, cela concernait 57 % des stations.

10 % des pesticides sont utilisés à des fins non agricoles, soit pour les jardins des particuliers, soit pour l'entretien des espaces verts (collectivités, entreprises).
Les jardiniers français (au nombre de 13 millions) font une utilisation massive de pesticides. En 2000, ils ont acheté 8 443 tonnes de pesticides (l'agriculture a consommé pour la même année 110 000 tonnes de pesticides).

Tonnage de substances actives vendues en France
La France est le troisième utilisateur mondial de substances actives avec 120 000 tonnes de produits achetés en 1999 (pic de la consommation).

Source : Union des industries de protection des plantes.

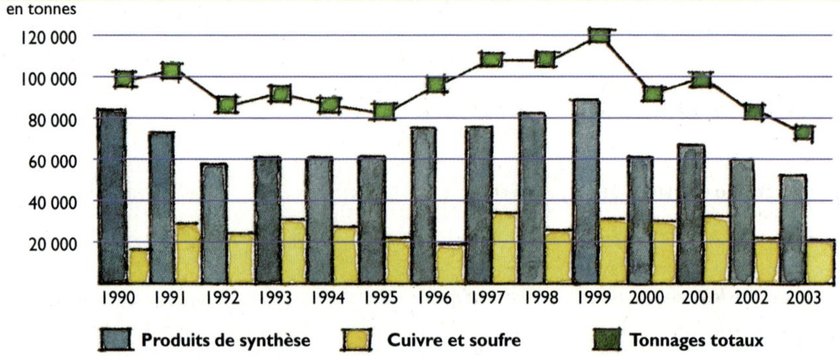

Le jardinage biologique permet de limiter l'usage des pesticides.

Plus de 60 % des pesticides sont des désherbants « banalisés » (comme le chlorate de soude, désherbant traditionnel des pelouses). On les trouve dans n'importe quelle grande surface et les particuliers sont très peu avertis des précautions à suivre.

Le Roundup, très prisé des jardiniers amateurs, dont la substance active est le glyphosate, est depuis longtemps présenté comme 100 % biodégradable ; pourtant, on retrouve cette matière active dans plus de 30 % des eaux de surface.

Les risques de pollution sont liés à l'utilisation elle-même comme au surdosage et au rejet des contenus des bidons dans les égouts ou les caniveaux, qui seront évacués avec le réseau des eaux pluviales. De très petites doses suffisent à contaminer les eaux des rivières.

Les solutions de rechange écologiques sont faciles à mettre en œuvre, notamment en ce qui concerne les insecticides.

Limiter l'utilisation des pesticides : la gestion différenciée

Depuis une vingtaine d'années, la ville de Rennes et les communes limitrophes s'attachent à modifier leurs pratiques pour diminuer l'utilisation d'engrais et de pesticides[1].

Objectif : laisser une place à la « nature » en ville. Pour cela, on favorise les haies champêtres, les prairies fleuries, les lisières herbacées.

Ce programme de gestion différenciée est accompagné de formations du personnel municipal, de programmes d'échanges, d'actions de sensibilisation ; des guides techniques ont été rédigés.

Dans le cadre de ces programmes, la Maison de la consommation et de l'environnement de Rennes (MCE) a réalisé un site Internet entièrement dédié aux solutions de remplacement des pesticides (voir « Adresses utiles », p. 150).

1. R. Bacher, « La chasse aux pesticides est ouverte ».

Limitez les pollutions et respectez l'eau

Privilégiez les éco-produits

À votre échelle, vous pouvez contribuer par vos achats à limiter les pollutions agricoles et industrielles.

• Vous pouvez privilégier les produits issus de l'agriculture biologique, qui n'utilisent pas de pesticides ni d'engrais de synthèse.

• En ce qui concerne les solvant, peintures, produits d'entretiens ménagers…, vous pouvez limiter leur impact en achetant des produits porteurs de labels écologiques reconnus comme l'écolabel européen ou la marque NF-Environnement.

Ne jetez pas n'importe quoi dans l'eau

N'oubliez pas que les cuvettes des toilettes, les éviers, lavabos, baignoires, égouts ne sont pas des poubelles… N'y jetez :

– ni déchets solides : protections féminines, lingettes (même « dégradables »), litière du chat ;

– ni huiles, ni restes alimentaires ;

– ni liquides toxiques comme des restes de peinture, des produits de traitement des plantes (qui sont des déchets dangereux) ;

– ni médicaments (qui sont également des déchets dangereux).

Les déchets dangereux doivent être rapportés dans leur emballage d'origine dans une pharmacie pour les médicaments ou dans une déchetterie. Certaines communes ont mis en place des collectes au porte à porte des déchets dangereux ou des points spécifiques d'apport volontaire.

Ne jetez pas n'importe quoi dans l'eau, utilisez les déchetteries qui permettent de trier.

◗ Arrêtez :

– de laver voitures et autres objets sur la voie publique, utilisez les aires prévues à cet effet (qui intègrent dans leur installation un processus de traitement des eaux utilisées) ;
– de vidanger un moteur dans la nature ;
– de vider les cendriers dans le caniveau ;
– de répandre des substances nocives (essence, détergents) sur le sol…

Un litre d'huile minérale peut polluer à lui seul 1 million de litres d'eau sur une surface de 2 000 m^2 ! Si vous effectuez vous-même la vidange de votre véhicule, récupérez l'huile usagée et rapportez-la au lieu d'achat ou dans un centre de récupération.

◗ N'utilisez plus de pesticides

Pour éviter l'utilisation de pesticides, il est utile d'avoir une approche préventive. Les végétaux plantés doivent être choisis en fonction de l'environnement. Choisissez des plantes rustiques résistantes aux maladies, aux insectes, au froid et à la sécheresse.

De nombreuses méthodes permettent de limiter l'utilisation de pesticides[1]. Citons par exemple le compagnonnage, qui consiste à planter autour des plantes à protéger d'autres végétaux qui éloignent les insectes (capucines, géraniums, coriandre éloignent les pucerons des rosiers…) ou encore l'utilisation de macérations de plantes – telles la fougère, la tanaisie, l'absinthe, la rhubarbe, l'oignon, l'ail – et de savons, efficaces pour chasser les insectes…

La pollution des eaux limite la disponibilité de cette ressource. Les usines de traitement ont de plus en plus de mal à maîtriser cette pollution croissante. Les traitements deviennent de plus en plus complexes et coûteux. C'est un des aspects les plus inquiétants de la crise de l'eau qui se profile à l'horizon.

1. Voir *Le poireau préfère les fraises* de H. Wagner et *Le Guide du jardinage biologique* de J.-P. Thorez.

Utilisez les bennes prévues pour la récupération des déchets.

deuxième partie

Le cycle **de l’eau** dans la maison

Les eaux destinées à la consommation humaine

L'amélioration progressive de la qualité de l'eau

En 1946, 60 % des habitants des campagnes françaises n'avaient pas « l'eau courante » et allaient la chercher à la pompe ou au puits…

En France, jusque vers les années 1900, on prélevait l'eau directement dans les cours d'eau ou on s'abreuvait aux puits, aux citernes qui récoltaient l'eau de pluie. Le seul service de distribution d'eau était assuré par les porteurs d'eau. Il n'existait aucun contrôle de l'État sur l'eau et les épidémies de choléra ou autres infections étaient courantes. En 1832, une épidémie de choléra particulièrement dévastatrice tua 20 000 personnes. L'évolution des techniques de distribution de l'eau et les découvertes scientifiques en matière de santé permirent petit à petit l'éradication de ces maladies, dites hydriques. Entre 1833 et 1892, la mortalité par le choléra n'a cessé de décroître,

La qualité de l'eau a été améliorée grâce à l'évolution des techniques de distribution.

Les châteaux d'eau sont le symbole de la distribution de l'eau potable.

parallèlement à l'amélioration de la qualité de l'eau consommée[1].

En 1902, une loi donne pouvoir aux maires d'imposer que toute habitation non pourvue d'eau potable soit reliée à la distribution publique. La desserte en eau des villes puis des villages de France n'a alors cessé de se développer. En 1939, 20 millions de citadins sur 21 sont alimentés en eau potable, ainsi que 5 millions de ruraux sur 20.

Aujourd'hui, consommer l'eau sans compter est devenu un privilège des pays industrialisés.

Le système de distribution de l'eau urbaine

Au cours de son périple dans la nature, l'eau se charge en éléments solubles. Elle contient donc naturellement une très grande variété de matières dissoutes, inertes ou vivantes : des gaz, des substances minérales ou organiques, et des micro-organismes (bactéries, virus ou plancton). Elle draine aussi quantité de particules en suspension comme de fines particules d'argile, des limons et des déchets végétaux. La composition chimique des eaux naturelles est donc très variable d'un réservoir à l'autre : la qualité de l'eau est étroitement liée à la nature des sols du bassin versant (voir p. 13) et à la végétation environnante. Elle varie également au fil du temps.

Eau naturelle : eau présente dans la nature.

Les **eaux « naturelles »** contiennent de plus en plus de substances provenant des activités humaines : rejets d'eaux usées domestiques et d'effluents industriels, épandages d'engrais et de pesticides, ainsi que déjections animales des élevages.

Or, ces substances inertes ou vivantes peuvent être nocives pour l'organisme humain. C'est pourquoi, pour pouvoir être consommée sans danger, l'eau doit être traitée. Mais la pollution croissante des réserves d'eau rend cette opération de plus en plus délicate et coûteuse (voir p. 27).

1. H. Loriferne (dir.), *40 ans de politique de l'eau en France*.

Le traitement des eaux destinées à la consommation

1. L'**eau brute** est prélevée dans un cours d'eau ou une nappe d'eau souterraine.

Cette eau brute, pour être destinée à la consommation humaine, doit avoir des caractéristiques minimales (définies par une directive européenne) afin d'être rendue potable.

2. Une fois captées, les eaux brutes sont acheminées vers une usine de production d'eau potable où elles subissent divers traitements physiques, chimiques et biologiques.

3. Rendue potable, l'eau est distribuée aux consommateurs 7 jours sur 7, 24 heures sur 24.

4. Après avoir été utilisée, elle est recueillie dans les réseaux d'eau usée pour être conduite vers les usines de dépollution des eaux usées, avant d'être enfin rendue à la nature.

Eau brute : eau qui n'a subi aucun traitement, notamment pour la rendre potable.

Le circuit de l'eau, de son captage à son retour dans la nature

Les étapes du traitement pour la production d'eau potable

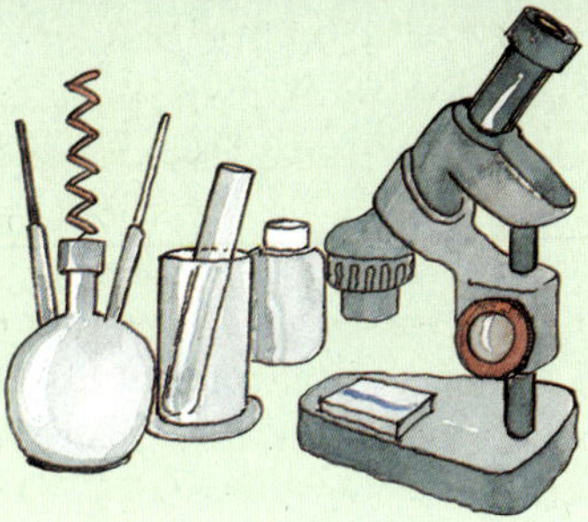

1. Certaines eaux prélevées dans les eaux de surface doivent subir un prétraitement par dégrillage, permettant de retirer les gros éléments comme des morceaux de bois. Une première décantation permet de dessabler.
2. Ensuite, il faut débarrasser l'eau des substances en suspension, en les retenant à leur passage dans du sable.
3. Restent les **particules colloïdales**, plus petites. Pour les éliminer, il est nécessaire de faire subir à l'eau une préparation chimique de coagulation puis de **floculation**. Les substances colloïdales sont ainsi coagulées. Il se crée des petits flocons appelés « flocs » qui tombent très lentement, **adsorbant** à leur passage des molécules organiques qui n'avaient pas été retenues lors des traitements précédents.
4. Ensuite, des traitements permettent de débarrasser l'eau des substances dissoutes. Ces traitements sont faits en fonction de la qualité de l'eau. Une eau trop riche en fer devra être déferrisée, une eau riche en nitrates sera traitée grâce à des bactéries.
5. Une dernière étape, la désinfection, permet l'élimination des germes pathogènes (virus et bactéries). Elle peut se faire par voie physique et/ou chimique. Le traitement au chlore est le plus utilisé car il est peu coûteux et simple d'utilisation. De plus, il a un effet rémanent (son effet désinfectant subsiste tant qu'il ne s'est pas évaporé), mais il n'est pas sans inconvénients (voir page ci-contre). L'ozone a un haut pouvoir désinfectant (notamment sur les virus) mais pas d'effet rémanent. Il est difficile à fabriquer et cette technique de désinfection consomme beaucoup d'énergie[1].
6. Une fois traitée, cette eau doit circuler dans les réseaux afin d'approvisionner les habitations en eau potable. Pour cela, elle doit subir différents traitements afin que les réseaux ne soient pas entartrés (ajout de polyphosphates) et que l'eau reste potable. Un traitement au chlore en fonction du trajet de circulation de l'eau est alors réalisé.

1. la technique d'ozonation est très utilisée (surtout dans les grosses unité de traitement qui desservent des populations importantes), notamment en fin de traitement, car c'est un bactéricide et un virucide puissant. Dans certaines petites communes qui ont des petits captages, seule la chloration est utilisée.

Particules colloïdales : particules très petites en suspension dans un liquide.
Floculation : agglomération des particules colloïdales en petits flocons.
Adsorption : phénomène physique de fixation de molécules sur la surface d'un solide.

À GAUCHE Première étape du traitement des eaux prélevées : le dégrillage.
À DROITE Différents traitements permettent d'approvisionner tout le réseau en eau potable.

Les risques pour la santé et les alternatives

L'usage de réactifs chimiques lors des traitements ne va pas sans poser certaines difficultés.

- Le chlore réagit avec certaines molécules organiques. Ces réactions conduisent à la formation de produits dont certains sont suspectés de toxicité pour l'homme (trihalométhanes[2]). Les atouts du chlore demeurent néanmoins réels, puisqu'il constitue toujours la meilleure garantie de préservation de la **qualité microbiologique**[3] de l'eau durant son transport, de l'usine de traitement jusqu'aux habitations.
- La désinfection à l'ozone oxyde les ions bromure (naturellement présents dans les eaux brutes) en bromates, suspectés depuis 1993 par l'Organisation mondiale de la santé (OMS) d'être carcinogènes. Leur valeur seuil dans les eaux potables doit être de 10 µg/l fin 2008. L'élimination de ces bromates passe par une clarification (procédé de filtration qui permet d'éliminer les matières en suspension) efficace en amont du traitement à l'ozone.
- L'utilisation des ultraviolets comme désinfectant semble donner de bons résultats et est actuellement en test dans

Qualité microbiologique de l'eau : pour être potable, l'eau doit être exempte de micro-organismes (virus, bactéries).

2. Les trihalométhanes désignent un groupe de substances chimiques formées lorsque le chlore, utilisé pour la désinfection, réagit avec la matière organique présente dans l'eau. Cette situation se produit surtout dans les réseaux alimentés par des eaux de surface.
3. Le chlore sert à désinfecter l'eau, il détruit bactéries et virus. Il est donc essentiel pour prévenir les maladies hydriques pouvant être mortelles.

L'eau brute à traiter au niveau de l'usine de production d'eau potable doit être en permanence analysée, car il est primordial d'ajuster le traitement d'une eau à sa composition.

les usines de potabilisation. Il existe cependant plusieurs contraintes à cette technique : nécessité d'une alimentation électrique, nécessité d'un entretien particulièrement soigné du réseau, absence de possibilité de contrôle immédiat sur le réseau.

• L'idéal serait bien sûr de pouvoir traiter l'eau sans avoir recours à des réactifs chimiques : c'est ce que permettent en partie aujourd'hui les procédés de filtration sur membranes (ultrafiltration – pores de 3 à 10 nanomètres – et **nanofiltration** – pores d'environ 1 nanomètre –, couplage nanofiltration et filtration sur charbon actif).
Leur principe consiste non plus à éliminer chimiquement les micropolluants mais à les extraire physiquement. Très fiables, elles permettent de traiter des eaux très polluées et de produire une eau pure, sans goût désagréable ni mauvaises odeurs, et de qualité constante, quelles que soient les variations de qualité de l'eau à traiter. Elles commencent depuis peu à être utilisées à grande échelle au niveau industriel. Le seul inconvénient de ces nouveaux traitements est leur coût élevé.

Nanofiltration : traitement mécanique de l'eau par passage à travers des membranes filtrantes ayant des pores de 3 à 10 nanomètres. Le nanomètre est une unité 1 milliard de fois plus petite que le mètre.

Le plomb provient principalement de canalisations anciennes.

L'eau et la santé

L'eau peut être un vecteur de maladies graves dites maladies hydriques, comme le choléra, la typhoïde, la poliomyélite… dues à des virus, bactéries ou parasites.

- La contamination par les micro-organismes pathogènes est très rapide, une seule absorption d'eau infectée peut suffire.
- D'autres substances comme les métaux lourds ne sont pas éliminés par l'organisme : ils s'y accumulent. On parle de toxicité par accumulation. Il en est ainsi du plomb.
- Les pesticides ont des effets variés sur la santé : perturbations hormonales qui vont affecter la fertilité et la reproduction, perturbations du système nerveux ou du système immunitaire et développement de cancers[1].

1. Voir F. Veillerette, *Pesticides, le piège se referme*.

Du plomb dans l'eau...

Le plomb fait partie des métaux lourds dont la particularité est de s'accumuler dans l'organisme. Notre stock de plomb augmente donc tout au long de notre vie. Or, une exposition prolongée au plomb peut être grave pour la santé : anémie, lésions du système nerveux, troubles rénaux. Les enfants absorbent plus facilement le plomb que les adultes et sont donc plus vulnérables à ses effets toxiques : problèmes de développement intellectuel, de comportement, conséquences sur la croissance et l'audition.
La teneur en plomb autorisée dans l'eau potable en France est, depuis fin 2003, de 25 µg/l. En 2013 cette concentration devra être inférieure à 10 µg/l.
Le plomb dans l'eau du robinet provient principalement des canalisations, les conduites anciennes étant en plomb. La réglementation européenne impose que ce seuil soit respecté non plus en sortie d'usine (comme cela est le cas pour les autres paramètres) mais au robinet du consommateur. La responsabilité du propriétaire est donc engagée.
On estime à 12 milliards d'euros l'investissement nécessaire pour régler le problème, 5 milliards sont liés au changement des branchements sur le réseau public (40 % du parc national est concerné), 7 milliards concernent les réseaux intérieurs, donc privés... Les propriétaires doivent donc réaliser des travaux sur leur patrimoine.
En attendant, si votre eau présente un risque de teneur élevée (habitation antérieure à 1948), quelques précautions s'imposent :
– laisser couler l'eau durant 2 minutes le matin ou après une absence prolongée, car plus l'eau reste dans les tuyaux, plus la concentration en plomb est élevée ;
– ne pas utiliser l'eau chaude du robinet pour la cuisson et la boisson.
Dans les fontaines à boire, les concentrations en plomb peuvent être plus élevées que dans l'eau du robinet, car l'eau y séjourne plus longtemps et que ces fontaines peuvent contenir des joints soudés au plomb.

Les caractères physiques, chimiques et microbiologiques des eaux potables

Une eau potable ne doit pas porter atteinte à la santé des consommateurs à court, moyen ou long terme.
Une eau potable doit être incolore, limpide et sans odeur, elle doit être exempte de germes pathogènes (bactéries, virus) et d'organismes parasites. Elle ne doit contenir certaines substances chimiques qu'en quantité limitée : substances qualifiées d'indésirables ou de toxiques, comme les nitrates et les phosphates, les métaux lourds, ou encore les hydrocarbures et les pesticides, pour lesquelles des « concentrations maximales admissibles » ont été définies. À l'inverse, la présence de certaines substances, comme les oligoéléments (fer, manganèse, calcium, cuivre,

L'eau potable n'est pas une eau sans polluants, mais une eau où les substances polluantes ne dépassent pas certains seuils au-dessous desquels elles sont considérées comme sans danger pour la santé humaine.

Etablissement des normes de potabilité

Pour déterminer à partir de quelles concentrations les substances chimiques sont toxiques, on utilise les études épidémiologiques (étude des différents facteurs qui interviennent dans les maladies) et l'expérimentation. Pour certaines substances comme les substances cancérogènes, les effets sur le long terme ne sont pas encore connus. La dose à ne pas dépasser est alors fixée de manière que son effet soit très faible, compte tenu de la consommation quotidienne d'eau des individus durant toute leur vie et de la plus grande vulnérabilité des enfants et des nourrissons. D'autre part, on commence à peine à s'intéresser aux effets « cocktail » de ces substances lorsqu'elles sont combinées. Certaines substances ont des effets cumulatifs, d'autres s'atténuent.

zinc, etc.), peut être jugée nécessaire à l'organisme. Il y a des seuils à ne pas dépasser, mais aussi des seuils minimaux : une eau sans minéraux, comme l'eau déminéralisée, n'est pas potable.

Afin de savoir si une eau est potable ou non, des normes ont été établies. Cependant les normes changent en fonction des progrès scientifiques et médicaux. Par exemple, les teneurs en plomb passent de 25 µg/l à 10 µg/l (concentration maximale à atteindre, avant le 25 décembre 2013, dans l'eau potable distribuée).
Le fait qu'une eau soit conforme aux normes, c'est-à-dire potable, ne signifie donc pas qu'elle soit exempte de matières polluantes, mais que leur concentration a été

L'eau potable, distribuée dans les réseaux, ne doit pas porter atteinte à la santé du consommateur.

jugée suffisamment faible pour ne pas mettre en danger la santé du consommateur.
Des valeurs limites ont été définies pour cinq types de paramètres. Voici quelques seuils que doivent respecter les **eaux de consommation** (tableau complet en annexe pp. 146 à 147).

Eau de consommation : eau distribuée par le réseau d'eau potable.

Paramètre	Valeur limite pour l'eau de consommation
Caractères **organoleptiques :** couleur, **turbidité**, odeur, saveur	Une eau potable doit être incolore, limpide et sans odeur
Paramètres physico-chimiques	– **pH** compris entre 6,5 et 9. – Chlorures et sulfates : 250 mg/l. – Sodium : 200 mg/l. – Ammonium : 0,1 mg/l
Substances indésirables (nitrates, nitrites, ammonium, azote, etc.)	50 mg/l pour les nitrates
Substances toxiques (arsenic, cadmium, phosphates, cyanure, chrome, mercure, nickel, plomb, benzène)	Mercure : 1 µg/l. Plomb : 25 µg/l avant le 25/12/2003 et 10 µg/l avant le 25/12/2013 ; possibilité de dérogation jusqu'au 25/12/2028
Caractères microbiologiques (coliformes totaux, *Escherichia coli*, entérocoques)	0
Pesticides (atrazine, mécoprop, diuron, dinoterbe, etc.)	0,1 µg/l par substance recherchée 0,5 µg/l pour la totalité des substances

Remarque : dans une analyse d'eau on ne trouve que ce que l'on cherche… et on ne recherche pas les traces des 500 pesticides existant sur le marché…

Caractères organoleptiques : ensemble des caractères de l'eau faisant impression sur les sens (couleur, odeur, saveur, turbidité).
Turbidité : état d'une eau trouble.
pH : permet l'évaluation du caractère acide ($pH < 7$) ou basique ($pH > 7$) de l'eau.

L'eau potable, un aliment très contrôlé

L'eau est analysée tout au long de son parcours :
– au niveau de la ressource ;
– au point de puisage ;
– au moment de la production d'eau potable après traitement et avant passage sur le réseau ;
– sur le réseau de distribution.

La distribution de l'eau potable est un service public communal. La responsabilité de l'organisation de ce service appartient à la commune.
L'exploitant du service de l'eau potable (que ce soit la commune, ou une entreprise privée) est le responsable direct de la qualité de l'eau distribuée qu'il est tenu de

Les prélèvements effectués par la DDASS sont de deux types : des analyses de routine sur quelques paramètres (de 3 à 15) et des analyses réalisées tous les trois mois, sur une soixantaine de paramètres.

vérifier. Il doit faire connaître les principaux éléments de la qualité de l'eau sur la facture.
Des règles de vérification de la qualité de l'eau sont fixées grâce à des programmes de contrôle qui sont exercés (sous l'autorité du préfet) par les services santé et environnement des directions départementales des affaires sanitaires et sociales[4] (DDASS).

La fréquence des contrôles effectués par la DDASS et le type des analyses tiennent compte de l'origine et de la qualité des eaux brutes, des débits de production, de l'importance de la population desservie. Les analyses sont confiées à des laboratoires de contrôle agréés par le ministère chargé de la Santé. Les résultats sont systématiquement transmis aux maires pour affichage.
La DDASS surveille l'eau brute (sur le lieu du captage), l'eau produite en sortie de l'usine de traitement et l'eau distribuée aux consommateurs. Lorsque les caractéristiques de l'eau s'écartent des valeurs de référence, des enquêtes sont réalisées afin d'évaluer les risques sanitaires et de corriger la situation.
De même, au niveau de l'usine de traitement de l'eau potable, en cas de non-respect des limites de qualité, le responsable de la distribution doit procéder immédiatement à l'information du préfet. Il doit mettre en place

4. Cela ne se substitue pas à la surveillance que l'exploitant (maire, président de syndicat de commune ou société fermière) est tenu d'effectuer en permanence pour vérifier lui-même la qualité de l'eau qu'il distribue.

La DDASS effectue des analyses sur la qualité de l'eau distribuée à différents niveaux : sur le lieu du captage, à l'usine de traitement...

rapidement des actions correctives. Si le préfet estime que la distribution constitue un risque pour le consommateur, il peut imposer des mesures de restriction ou stopper la distribution.
En cas de dépassement de certaines valeurs, le responsable de la distribution peut demander au préfet une dérogation[5] de trois ans renouvelable si l'utilisation de l'eau ne constitue pas un danger pour le consommateur et s'il n'existe pas d'autres moyens « raisonnables » pour maintenir la distribution. La valeur limite n'est en effet pas obligatoirement indicatrice de danger pour l'ensemble de la population. Prenons le cas des nitrates : même lorsque le seuil est dépassé, il n'y a pas de risque pour les personnes bien portantes, le risque existe pour les nouveau-nés et les femmes enceintes, d'où l'intérêt de l'information des usagers afin que les personnes concernées prennent leurs dispositions. Aucune dérogation n'est possible en cas de dépassement des seuils microbiologiques.

« Toute personne qui offre au public de l'eau en vue de l'alimentation humaine, à titre onéreux ou à titre gratuit et sous quelque forme que ce soit, y compris la glace alimentaire, est tenue de s'assurer que cette eau est propre à la consommation. » Code de la santé publique.

Pour connaître la qualité de l'eau qui vous est distribuée, consultez votre facture d'eau ou l'affichage communal. Vous pouvez également contacter votre distributeur d'eau directement (ces coordonnées sont sur votre facture) afin qu'il vous communique des résultats d'analyse.

5. Ces dérogations doivent s'accompagner de mesures de surveillance renforcée, d'un programme d'information ainsi que d'un programme d'actions correctives.

L'Etat est-il responsable en matière de pollution ?

En 1995, 176 consommateurs regroupés en un collectif ont porté plainte contre la société Suez-Lyonnaise des eaux pour distribution d'une eau ne respectant pas les normes en nitrates. Suez-Lyonnaise des eaux a été condamnée par le tribunal d'instance à verser environ 1 000 francs à chacun des 176 abonnés à son réseau de distribution ; la société ne fit pas appel de ce jugement et indemnisa les consommateurs.
En revanche, elle décida de porter l'affaire devant le tribunal administratif et d'intenter une action en responsabilité contre l'État. Suez-Lyonnaise des eaux a souhaité mettre en évidence les carences de l'administration dans la mise en œuvre de ses pouvoirs de police, en particulier l'absence de moyens de contrôle efficaces de la réglementation et l'insuffisance de l'instruction administrative des dossiers d'autorisation des élevages.
Dans un jugement du tribunal administratif de Rennes (en date du 2 mai 2001) l'État a été condamné à verser la somme de 751 440 francs à Suez-Lyonnaise des eaux.
Le tribunal a estimé que la pollution d'origine agricole a été rendue possible par les carences de l'État ; les installations de traitement de l'eau n'ont pas normalement à résorber cette pollution...

Dureté : teneur d'une eau en ions calcium et magnésium. La dureté s'exprime en TH (titre hydrotimétrique), une eau dure a un TH supérieur à 30 degrés.

La qualité de l'eau

Quand on évoque la qualité de l'eau, les discussions s'orientent souvent sur le calcaire et le chlore. C'est alors que l'on entend bien des affirmations erronées…

Le calcaire et l'eau

Une eau dure[6] est une eau qui contient beaucoup de sels dissous, comme les sels de calcium et de magnésium. À l'inverse, une eau douce est une eau qui en contient peu. La **dureté** de l'eau est proportionnelle à sa teneur en calcium mais aussi en magnésium. Elle dépend de la nature géologique des sols qu'elle a traversés[7].

Une eau trop dure peut présenter des inconvénients d'utilisation. L'eau dure diminue en effet les propriétés détergentes des lessives et savons qu'il faut utiliser en plus grande quantité. Enfin, certains sels, en particulier le calcaire, peuvent se déposer, sous une forme solide appelée tartre, sur les parois des canalisations, des ballons d'eau chaude ou des chaudières. Le tartre dans les réseaux non entretenus peut favoriser la prolifération bactérienne, notamment lorsque les eaux stagnent à une température élevée, ce qui est le cas dans des installations collectives comportant de gros ballons d'eau chaude (le calcaire se dépose lorsque la température de l'eau est à plus de 60°C), et provoquer des pertes de rendement au niveau

6. La dureté de l'eau s'exprime par un indice, ou titre hydrotimétrique, TH. Les eaux sont classées en fonction de leur TH :
0 à 6 degrés = eau très douce
6 à 15 degrés = eau douce
15 à 30 degrés = eau moyennement dure
> 30 degrés = eau dure.

7. Les eaux du Massif central, des Vosges et du Massif armoricain par exemple sont douces alors que certaines eaux de la région parisienne sont très dures.

des chaudières. Les réseaux sont donc régulièrement entretenus par les distributeurs d'eau afin de limiter ces dépôts.
En revanche, il n'a jamais été démontré d'effets sanitaires négatifs liés à la dureté de l'eau et à la présence de calcaire, en particulier sur la fréquence des calculs rénaux. Au contraire, l'eau de boisson participe à l'apport de calcium pour l'organisme, particulièrement important chez la femme et l'adolescent[8].

À l'inverse, une eau trop douce est une eau corrosive qui ronge les parois des canalisations, favorisant la formation de fuites. Or, les bactéries se développent préférentiellement aux points de fuite et de corrosion.
La corrosion augmente également la concentration en cuivre, en étain ou en plomb de l'eau (suivant le matériau dont sont faites les conduites), toutes ces substances étant nocives à la consommation. Une eau trop douce est donc une eau qui contribue à la dégradation de la qualité de l'eau dans les canalisations.
Il n'y a donc aucune justification sanitaire à l'adoucissement excessif des eaux de boisson.
Pour à la fois protéger les équipements de l'encrassement et maintenir la qualité de l'eau lors de sa distribution, l'eau doit donc être juste assez dure (TH jamais au-dessous de 8 degrés et jusqu'à 30 degrés pour un bon fonctionnement des appareils ménagers) pour qu'une couche protectrice de carbonate de calcium se dépose sur les parois des canalisations, les isolant de l'eau transportée.

Photos page de gauche
À GAUCHE La dureté de l'eau dépend de la nature des sols traversés.
À DROITE Le calcaire se dépose sur les canalisations pouvant provoquer des pertes de rendement.

Du chlore dans l'eau

Le goût de chlore est un des reproches les plus fréquemment adressés à l'eau potable. En réalité, l'apparition de l'odeur et du goût « d'eau de Javel » correspond à la liaison du chlore à des matières organiques. Pour supprimer ce désagrément, il suffit de laisser l'eau s'aérer au réfrigérateur…

8. Les apports nutritionnels conseillés de calcium pour un adolescent (entre 10 et 19 ans) sont de 1 200 mg/jour, pour un adulte de 800 mg/jour et pour une femme enceinte de 1 500 mg/jour.

Les trihalométhanes (THM) dans l'eau potable

Les THM désignent un groupe de substances chimiques formées lorsque le chlore utilisé pour la désinfection réagit avec de la matière organique présente dans l'eau à traiter. Cette situation se présente surtout dans les réseaux alimentés par une eau de surface. Comme nous l'avons vu, le chlore est surtout utilisé pour une désinfection efficace et continue.

Des gestes simples permettent l'évaporation des THM : aérer l'eau en la gardant au réfrigérateur 24 heures, ventiler la salle de bains lors de la toilette.

En France, l'eau du robinet est une eau fiable et de qualité, c'est l'aliment le plus contrôlé – comparativement aux eaux des fontaines des lieux publics, des carafes filtrantes des particuliers, ou des eaux en bouteille dont le stockage n'est pas contrôlé. D'ailleurs, la réglementation impose moins de tests pour les eaux en bouteille que pour l'eau du robinet.

Il n'est donc pas nécessaire de procéder trop vite à l'acquisition d'un filtre destiné à traiter l'eau de distribution. Bien souvent, ce genre d'appareil augmente les consommations d'eau et peut présenter un risque pour la santé s'il n'est pas bien entretenu.

Conseils pratiques pour l'achat d'un filtre

- Avant tout achat, posez des questions à votre distributeur ou à votre commune sur la qualité de votre eau et sa dureté. Vous pouvez tester vous-même la dureté de votre eau grâce à des bandelettes que l'on trouve en pharmacie.
- N'oubliez pas que toutes les parties filtrantes de ces appareils peuvent se transformer en bouillon de culture. N'achetez donc que des systèmes vous permettant de savoir quand le filtre est saturé.
- Si vous avez une eau très dure et besoin d'un adoucisseur, choisissez un appareil pouvant être installé aux points cruciaux, par exemple juste avant la machine à laver. Ainsi, vous conserverez la qualité de l'eau de boisson étudiée pour correspondre à vos besoins…
- De la même manière, vous pouvez placer l'adoucisseur uniquement sur le circuit d'eau chaude (en effet le calcaire ne se dépose qu'à partir de 60 °C).
- Pensez à vérifier que votre installation conserve à l'eau adoucie un taux résiduel de dureté suffisant (TH entre 8 et 15 degrés) pour ne pas risquer d'entraîner un phénomène de corrosion anormale. Il ne faut jamais boire une eau adoucie, car elle est trop riche en sodium, et donc déconseillée dans les régimes hyposodés, aux personnes hypertendues, aux cardiaques, aux femmes enceintes et aux nourrissons ; l'eau potable doit contenir moins de 200 mg/l de sodium.
- Comparez les prix sans oublier le coût de l'entretien et des contrôles faits par des professionnels.

Tests sur l'eau filtrée

Dans un numéro d'octobre 2003, *Que Choisir* a testé dans 11 familles l'eau filtrée (par des carafes filtrantes et des filtres sur robinet) et l'a comparée à l'eau du robinet. Ces tests ont mis en évidence dans 10 cas sur 11 des teneurs en argent plus élevées que l'eau du robinet : 16 et 28 µg/l pour l'eau filtrée contre 0,5 µg/l pour l'eau du robinet. Plus inquiétant, dans 7 cas sur 11 l'eau filtrée s'est chargée en germes bien au-delà des limites fixées par la réglementation. En effet l'eau qui stagne est propice au développement des bactéries et les filtres peuvent devenir rapidement de véritables bouillons de culture.
Que Choisir a également réalisé des tests en laboratoire avec des cartouches et des filtres neufs. L'exemple des nitrates est intéressant. Au cours de la première semaine d'analyse, les résultats étaient satisfaisants : de 50 mg/l de nitrates avant filtration, l'eau tombait à 0,35 mg/l. Mais au bout d'une dizaine de jours, l'eau filtrée affichait une concentration de 28,6 mg/l. L'efficacité de la cartouche diminue bien avec le temps. Cette dernière se charge en polluants qui peuvent être relargués si on ne change pas régulièrement le filtre ou si on ne suit pas des règles strictes d'hygiène comme placer l'eau filtrée dans le réfrigérateur, ne la conserver que 24 heures, ne pas consommer l'eau qui a stagné dans la carafe filtrante.

Le risque le plus important, qui nécessite l'utilisation d'un filtre, est la présence de plomb dans les canalisations. Dans ce cas, il est indispensable de bien suivre les recommandations d'usage du filtre acheté.

L'eau du robinet est l'aliment le plus contrôlé.

Adoucisseurs et filtres

Système	Type de traitement	Fonctionnement	Résultat	Inconvénients	Prix d'achat[1]
Adoucisseur sur résine placé sur le réseau	Traitement des eaux calcaires	Les résines échangeuses d'ions permettent de remplacer le calcium et le magnésium par du sodium	Diminution des concentrations de calcium et de magnésium.	L'adoucissement sur résine est efficace mais modifie la composition ionique de l'eau (enrichissement en sodium au détriment du calcium[2] et du magnésium). Risque d'avoir une eau trop adoucie et donc corrosive. Consommation d'eau, de sel, d'énergie.	800 à 2 500 €
Adoucisseur aux poly-phosphates placé sur le réseau	Traitement des eaux calcaires	Les ions calcium sont contraints de demeurer en solution, ils ne précipitent pas	Eau moins chargée en calcaire	Convient seulement pour des eaux peu dures (TH < 35 degrés français) pour lesquelles un adoucisseur n'est pas nécessaire… Par ailleurs, les fabricants conseillent de ne pas chauffer l'eau à plus de 60 °C quand l'adoucisseur est en fonction.	60 à 310 €
Adoucisseur électronique ou magnétique placé sur le réseau	Traitement des eaux calcaires	Agit physiquement (par voie magnétique) sur les ions calcium afin qu'ils ne précipitent pas	Loin de la source magnétique, les ions calcium reprennent leur état et peuvent précipiter…	Consommation importante d'électricité. Efficace sur les petits débits. Peut induire un courant magnétique dans la tuyauterie. Contrairement aux adoucisseurs, ne réduit pas la consommation de détergents et ne protège pas les appareils domestiques contre le tartre	100 à 1 000 €
Filtre à membrane (utilisé en préfiltration) placé sur le réseau	Élimination des impuretés comme le sable, les poussières	Une cartouche filtrante assure l'élimination des petites impuretés	Les particules éliminées sont du sable et des matériaux corrodés	–	60 à 90 €
Filtre au charbon actif placé sur le réseau ou filtre de table	Élimination sélective de certaines substances (organiques, certains pesticides, composés chlorés)	–	La teneur en chlore et en particules organiques (excepté les virus) diminue, ce qui a une influence bénéfique sur le goût.	Certains filtres ne possèdent pas de système permettant de voir s'ils sont saturés. Il peut alors arriver que certaines substances emmagasinées dans le filtre soient soudain libérées dans l'eau, la rendant impropre à la consommation	40 à 90 €

Résine anionique placée sur le réseau	Purifier l'eau	Des ions chargés positivement ou négativement lient certaines substances et les éliminent de l'eau	Élimination des nitrates et des métaux lourds	Certains filtres ne possèdent pas de système permettant de voir s'ils sont saturés. Il peut alors arriver que certaines substances emmagasinées dans le filtre soient soudain libérées dans l'eau, la rendant impropre à la consommation.	500 à 1 700 €
Filtrage par osmose inverse placé sur le réseau	Purifier l'eau	L'eau est pressée contre une membrane, la plupart des substances restent prisonnières puis elles sont lessivées vers un filtre	Élimination des sels, des minéraux, des particules organiques, des bactéries	Forte consommation d'eau, car pour éviter le colmatage de la membrane, celle-ci est nettoyée automatiquement et les eaux de nettoyage sont vidangées (sur un volume d'eau brute devant être filtré : 75 % de cette eau part en vidange…). Les minéraux bons pour la santé sont aussi éliminés, ce qui peut causer des carences. Difficulté pour contrôler le bon fonctionnement de l'appareil, contaminations bactériennes possibles. L'eau devient très douce et donc corrosive.	500 à 1 250 €

1. Prix auxquels il faut ajouter l'achat des filtres et/ou des sels, car ces appareils fonctionnent à peu près tous avec des filtres qui doivent être régulièrement changés ou des sels qui doivent être régulièrement apportés.
2. L'eau d'alimentation contribue à l'apport journalier de calcium, la dose journalière recommandée pour un adulte est de 900 mg.

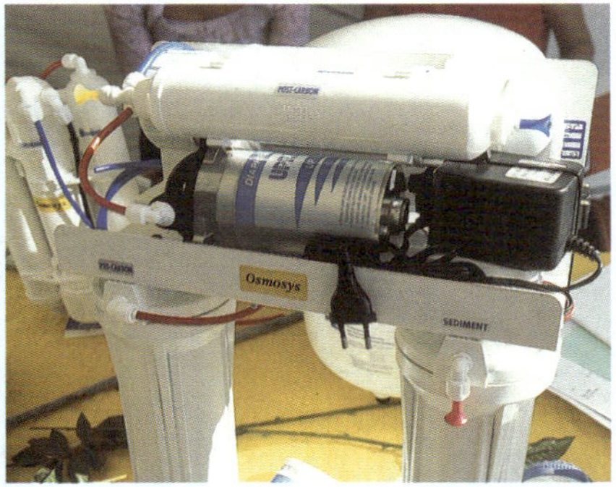

EN HAUT *Filtre par osmose.*
EN BAS *Filtre de table.*

Eaux de source – eaux minérales : des appellations réglementées en Europe

Les « eaux de source »

Issues de nappes d'eaux souterraines, les **eaux dites de « source »** sont des eaux naturellement propres à la consommation humaine. Le responsable de la mise sur le marché, donc l'embouteilleur, le contrôle en permanence. Les seuls traitements qu'il est permis de leur appliquer sont l'aération, la décantation et la filtration, afin d'éliminer les éléments instables comme les gaz, le fer et le manganèse.

Les eaux naturellement gazeuses, qui contiennent du gaz carbonique dissous, peuvent également être regazéifiées avant d'être embouteillées (comme les eaux de Perrier). Les eaux de « sources » peuvent être mélangées entre elles, elles ne proviennent pas forcément du même site géologique.

Eaux de source : eaux issues de nappes d'eaux souterraines dont la qualité chimique et bactériologique est naturellement conformes aux normes de potabililité.
Eaux minérales : eaux contenant des minéraux en solution utilisées en boisson à des fins thérapeutiques.

Les eaux minérales

Les **eaux minérales** ont des propriétés particulières, elles ont des teneurs en minéraux et en oligoéléments susceptibles de leur conférer des vertus thérapeutiques

Du changement dans l'interdiction de traitement

Jusqu'en 2003, en Europe, les eaux de source et les eaux minérales ne pouvaient être traitées lorsqu'une source était polluée. Elle devait alors être abandonnée et les eaux ne pouvaient plus être commercialisées. Certains pays, en revanche, comme les États-Unis, autorisent depuis longtemps la commercialisation, sous l'appellation « eaux de source », des eaux traitées chimiquement. Ces traitements visent soit à ôter des substances indésirables soit à ajouter des substances manquantes, bref à rendre ces eaux potables et de meilleure qualité.
Forte de cet exemple et face à la menace grandissante de pollution des sources, l'Europe commence à suivre le modèle américain … mais que pourra bien alors signifier le label « eau minérale naturelle » ?
L'article 4 de la directive 80/777 interdisait tout type de traitement de désinfection :
Récemment, l'article 5 de la directive 2003/40/CE (qui vient modifier la directive 80/777) autorise désormais le traitement de désinfection à l'ozone des eaux minérales et des eaux de « source » (celui-ci devant alors être mentionné sur l'étiquette).

et leur composition est stable dans le temps. Comme les eaux de source, elles ne peuvent être traitées sauf par ozonation (voir encadré p. 66).

En France, une eau n'est qualifiée de « minérale » que si elle a été reconnue comme étant bénéfique pour la santé par l'Académie nationale de médecine.

Toutes les eaux minérales ne sont pas de qualité identique, puisque la qualité d'une eau brute dépend de la nature des sols dans lesquels elle a voyagé. Il existe donc autant d'eaux minérales qu'il y a de sources, soit plus d'un millier en France partagées entre 70 marques.

Certaines eaux minérales sont très chargées en minéraux et constituent de véritables « médicaments » à consommer avec modération… D'autres ont une minéralité inférieure à celle exigée pour l'eau du robinet. Les eaux minérales peuvent donc ne pas être conformes aux normes de potabilité, l'autorité de santé étant seule juge de l'opportunité de distribuer de telles eaux.

La consommation d'eaux de source et d'eaux minérales ne cesse de croître.

Des eaux trop chargées en minéraux

- Les sulfates en trop grande concentration (plus de 250 mg/l) provoquent des troubles gastro-intestinaux : l'eau de San Pellegrino en contient 444 mg/l alors que la réglementation impose un seuil à 250 mg/l.
- Un excès de sodium est déconseillé aux personnes suivant des régimes hyposodés (dans le cas de pathologies rénales et cardio-vasculaires, par exemple), or l'eau d'Arvie en contient 650 mg/l (le seuil réglementaire est de 200 mg/l).
- L'excès de fluor peut altérer l'émail des dents et favoriser les maladies osseuses.

D'après les réglementations sur l'eau potable, la teneur en fluor de l'eau du robinet ne doit pas excéder 1,5 mg/l. Or certaines eaux minérales présentent des teneurs bien plus élevées, par exemple Vichy-Célestins (5 mg/l) et Saint-Yorre (9 mg/l)[1].
La consommation quotidienne de telles eaux n'est pas forcément bonne pour la santé. Votre médecin peut vous indiquer quelle eau minérale consommer.

1. *Que Choisir*, n° 422.

Un surcoût économique et environnemental

Les eaux de source sont environ 100 fois plus chères que l'eau du robinet, les eaux minérales coûtent jusqu'à 300 fois plus (coût de l'embouteillage, du transport et de l'emballage, de la publicité).
De plus, les eaux en bouteille présentent un coût pour l'environnement : consommation de matières premières et d'énergie pour la fabrication de l'emballage, l'embouteillage, le transport ; pollutions liées à la production et au transport ; production de déchets (estimation pour l'année 2001 : environ 150 bouteilles de 1,5 litre par foyer et par an).

La production de déchets liés à la consommation d'eaux en bouteille représente un véritable surcoût environnemental.

Passez à l'action

- Renseignez-vous régulièrement sur la qualité de l'eau distribuée par votre commune (dans chaque commune un panneau d'affichage y est consacré) et comparez les valeurs indiquées avec les valeurs seuils[1].

- Privilégiez l'eau du robinet qui est l'aliment le plus contrôlé en France. En cas de dépassement des normes de potabilité, vous êtes obligatoirement informé par votre commune ou l'exploitant responsable de la distribution d'eau potable.

- Si vous achetez de l'eau en bouteille, pensez à déposer les emballages recyclables dans les conteneurs prévus ou à la collecte sélective.

- Privilégiez les eaux de source et les eaux minérales locales car le transport est moins long et donc moins polluant.

- Les conditionnements d'un litre et demi et plus sont plus écologiques et économiques que ceux d'un litre et moins.

1. Voir tableau p. 147.

Diminuons notre consommation d'eau potable

En France, chaque année, 6 milliards de mètres cubes d'eau sont prélevés pour les utilisations domestiques.
L'essentiel de cette eau (93 %) est utilisé pour l'hygiène corporelle, les sanitaires, l'entretien de l'habitat et diverses tâches ménagères. La boisson et la préparation des aliments ne représentent que 7 % de notre consommation totale.
En plus des consommations « à la maison », il faut ajouter les consommations collectives auxquelles chacun participe : écoles, hôpitaux, bureaux, lavage des rues…
En moyenne, un Français utilise 150 litres d'eau potable par jour (pour ses consommations personnelles et en intégrant les consommations collectives). Un couple avec deux enfants consomme environ 360 litres par jour.
Autant de gestes quotidiens pour lesquels nous utilisons toujours la même qualité d'eau : de l'eau potable…

Un Français utilise en moyenne 150 litres d'eau potable par jour. 93 % de cette eau est utilisé pour l'hygiène corporelle, les sanitaires, l'entretien de l'habitat et diverses tâches ménagères. 7 % seulement pour la boisson et la cuisine.

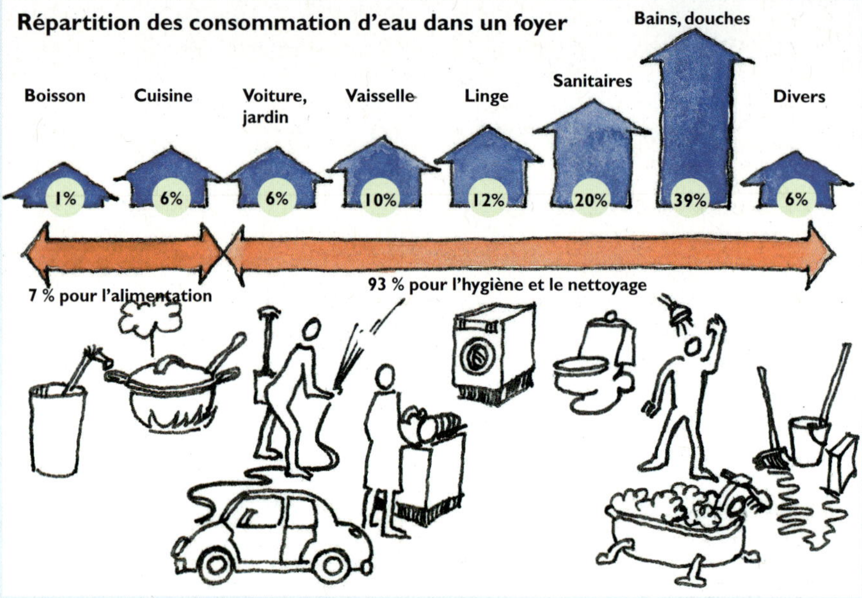

Source : D'après les données du Centre d'information sur l'eau (Cleau).

Nos besoins physiologiques

Le corps d'un être humain adulte est composé de 60 % d'eau, environ 42 litres d'eau pour une personne de 70 kg. La teneur en eau du corps diminue avec l'âge : 97 % chez le fœtus de 2 mois, 75 % chez le nourrisson, cette proportion se réduisant à 55 % chez la personne âgée. Notre corps en élimine en moyenne 2,5 litres quotidiennement (urine, sueur, respiration…).
Notre alimentation nous apporte environ 1 litre d'eau par jour. Il nous faut donc absorber 1,5 litre[1] complémentaire pour compenser les pertes hydriques.
Chez l'enfant, et surtout chez le nourrisson, les besoins en eau sont proportionnellement 3 à 5 fois plus importants que chez l'adulte.
Boire abondamment est essentiel pour la forme et la santé, mais il vaut mieux boire régulièrement de petites quantités que beaucoup d'un seul coup.

1. Sous un climat tempéré pour un sujet sédentaire.

Passez à l'action

Nous pouvons, chacun à notre échelle, préserver la ressource en eau en limitant nos consommations. Voici quelques gestes faciles à adopter par tous.

1. Vous pouvez commencer par faire un diagnostic de votre consommation quotidienne.

Poste	Calcul
WC	Volume cuve x nombre d'utilisations par jour
Douche	Débit x temps d'utilisation x nombre d'utilisations par jour
Bain	Volume x nombre d'utilisations par jour
Évier	Débit x temps d'utilisation x nombre d'utilisations par jour
Lavabo	Débit x temps d'utilisation x nombre d'utilisations par jour

Pour évaluer le débit : prenez un chronomètre, un contenant d'un volume connu (comme une bouteille de 1,5 litre), faites couler l'eau à partir du poste choisi. Notez le temps de remplissage, et appliquez la bonne vieille règle de trois. Par exemple, un robinet qui remplit une bouteille de 1,5 litre en 6 secondes a un débit de 15 l/min.

2. Pour réduire les gaspillages, il suffit de changer certaines de nos habitudes.

- une douche rapide plutôt qu'un bain.
- arrêter le robinet lorsqu'on se lave les dents.
- ne pas laisser couler l'eau en faisant la vaisselle.
- surveiller et réparer les fuites : le soir, avant de vous coucher, relevez le chiffre (rouge en m^3, noir en litres) de votre compteur ; le lendemain matin, faites un nouveau relevé ; si le compteur a tourné, il y a une fuite…

3. Il est facile de s'équiper d'appareils économes (cela permet de réduire sa consommation de 20 à 30 %).

- Pour les lave-linge et lave-vaisselle, lisez les étiquettes avant toute nouvelle acquisition. Aujourd'hui les constructeurs sont obligés de communiquer selon une échelle à 6 niveaux pour les lave-linge ou 7 pour les lave-vaisselle, sur 3 critères : l'efficacité de lavage, l'efficacité énergétique, l'efficacité d'essorage – ou de séchage pour les lave-vaisselle. Préférez les appareils classés A ou B… Une machine à laver classée A consomme 40 litres d'eau par lessive, contre 70 litres pour un appareil classé C. Un lave-vaisselle classé A consomme 2 fois moins d'eau qu'un lave-vaisselle classé C[1].

1. http ://www.cipel.org/sp/article31.html

•••

Un robinet qui fuit consomme environ 40 litres par jour et un réservoir WC qui laisse passer un filet d'eau dilapide jusqu'à 500 litres par jour.

Pensez à fermer le robinet lorsque vous vous lavez les dents.

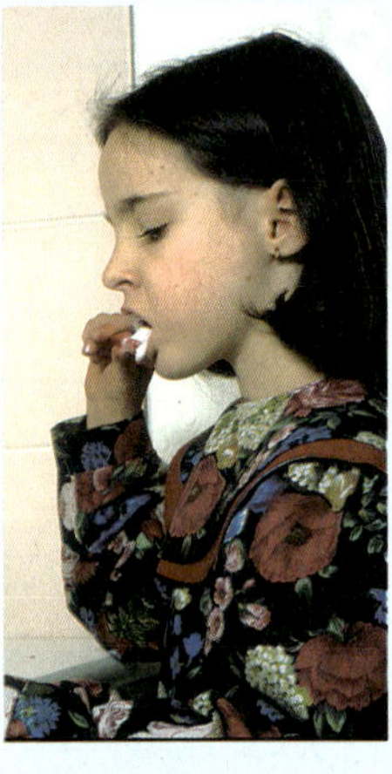

Ne pas gaspiller l'eau, cela signifie aussi produire moins d'eaux usées à traiter dans les stations d'épuration.

•••

◗ Une chasse d'eau à deux débits se monte assez facilement à la place de votre mécanisme existant. Elle comporte deux boutons : le gros permet d'évacuer tout le contenu de la chasse tandis que le petit évacue seulement 3 litres (au lieu de 6) et sert ainsi pour les « petites commissions ». De tels mécanismes coûtent environ 30 euros (cela fera économiser environ 10 m³ d'eau par an à une famille de 4 personnes). Vous pouvez également opter pour le « stop eau » qui permet de réduire la consommation d'eau des WC : la quantité libérée par la chasse d'eau dépendra de la durée de pression exercée sur le bouton.

◗ Un mousseur ou aérateur installé au robinet permet de diminuer le débit de 6 à 8 l/min au lieu de 12. Ils s'adaptent sur tous les robinets en remplacement des aérateurs d'origine. Le principe est simple : faire couler moins d'eau… et plus d'air. Le jet reste identique à l'œil et est aussi efficace pour rincer la vaisselle ou les mains.

4. Revoir les installations

Pensez à limiter la pression. En effet, le débit qui s'écoule des appareils sanitaires dépend directement de la pression du réseau d'eau[2]. Les maisons modernes sont généralement équipées d'un réducteur de pression placé entre le compteur d'eau et les équipements sanitaires. Mais les maisons plus anciennes n'en comportent pas toujours. Si vous entendez des claquements dans les tuyaux en fermant rapidement un

Équipez-vous d'appareils économes en énergie.

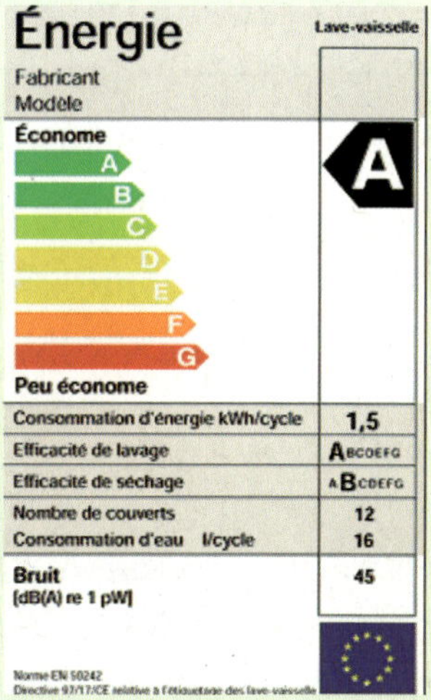

Les références de l'appareil
Figure dans cette première partie de l'étiquette les références précises de l'appareil (un lave-vaisselle en l'occurrence), du modèle et du fabricant.

La classe énergétique
De A (l'appareil est très économe) à G (l'appareil consomme beaucoup d'électricité), ce code couleur donne une idée de la consommation d'énergie d'un appareil électroménager. Cette classification concerne notamment four, lave-vaisselle, sèche-linge, réfrigérateurs, congélateurs. Dans la colonne de droite de l'étiquette sur fond noir figure la catégorie de l'appareil. C'est ainsi que l'on se rend compte si un appareil se révèle coûteux à l'usage.

Consommation, efficacité, capacité
Dans le cas de « notre » lave-vaisselle , cette partie indique la consommation d'eau et d'électricité, la capacité de l'appareil en nombre de couverts ainsi que 2 critères de qualité : l'efficacité du lavage et celle du séchage.

Le bruit
Facteur non négligeable de confort, le bruit émis par l'appareil est inscrit en décibels. En soit, cela n'est pas forcément facile à décrypter mais cela permet les comparaisons avec les autres produits.

robinet, la pression est beaucoup trop importante. Une telle pression, non seulement entraîne une consommation élevée, mais peut endommager votre circuit. Si vous avez déjà un réducteur de pression, n'hésitez pas à demander à un plombier de vous diminuer la pression au-dessous de 3 bars. Bien sûr, un réducteur de pression n'a pas d'incidence sur les consommations impliquant des volumes d'eau (bain, WC, machine à laver…).

5. Au jardin
Vous pouvez également adapter la qualité de l'eau à chacun de vos besoins : utilisez l'eau de pluie, l'eau de cuisson ou de lavage des légumes pour arroser le jardin.
Choisissez des plantes adaptées au climat[3].

Les petites manies de Maryse
Maryse a vécu dans une famille de 4 enfants, où on allait se ravitailler à la source car il n'y avait pas l'eau courante à la maison. Les enfants ont grandi en faisant attention à l'eau et, aujourd'hui, l'économiser fait partie des habitudes. Fruits, légumes et salade sont lavés avec la même eau, Maryse la récupère et l'utilise pour l'arrosage de ses plantes qui abondent dans son petit appartement toulousain. Pour la vaisselle comme pour la douche, elle ferme le robinet pendant qu'elle savonne, puis rince ensuite. La chasse des WC n'est tirée qu'après quelques pipis…

Une famille « économe » de 4 personnes consomme environ 90 m³ d'eau par an (au lieu de 190 m³ pour une famille ne prêtant pas garde à sa consommation).

À GAUCHE Le mousseur installé sur un robinet permet de diminuer fortement le débit.
À DROITE Attention à ne pas laisser couler l'eau en faisant la vaisselle.

2. Différences de débit d'un appareil sanitaire tel qu'une douche ou un robinet en fonction de la pression.

Pression	Débit
6 bars	25 l/min
3 bars	17 l/min
1 bar	12 l/min

3. Voir *Le Guide malin de l'eau au jardin*, J.-P. Thorez.

Le prix de l'eau

En France, le prix de l'eau correspond à un service complet (captage, potabilisation, transport, stockage, évacuation et dépollution des eaux usées). Plusieurs facteurs influent sur le prix de l'eau : la nature et la qualité de la ressource en eau, les traitements nécessaires pour rendre cette eau potable, la taille et le nombre des usines de production et de dépollution, les installations de pompage et de stockage, l'âge des canalisations, la densité de la population…

Comprendre une facture d'eau n'est pas simple[1].

La facture d'eau doit comprendre 3 volets (voir facture page ci-contre).

1. Une partie correspond à la fourniture de l'eau : cela comprend le prix du mètre cube, une prime fixe d'abonnement et la location du compteur.

2. Une deuxième partie comprend la collecte et le traitement des eaux usées ; le calcul tient compte des quantités d'eau consommées et comprend une prime fixe correspondant à l'abonnement.

3. Une troisième partie concerne les taxes :

– la taxe FNDAE (Fonds national de développement des adductions d'eau) gérée par le ministère de l'Agriculture afin d'aider à financer les réseaux d'eau usée et d'eau potable des communes rurales,

– la redevance pollution qui revient à l'agence de l'eau et qui sert à financer les travaux de dépollution des eaux usées,

– la redevance de bassin pour l'agence de l'eau qui sert à financer les travaux d'aménagement des rivières et de protection des ressources,

– la taxe voie navigable (pour les communes qui prélèvent ou rejettent leurs eaux dans les voies navigables de France).

Décomposition du prix de l'eau en 2001 (moyenne nationale)

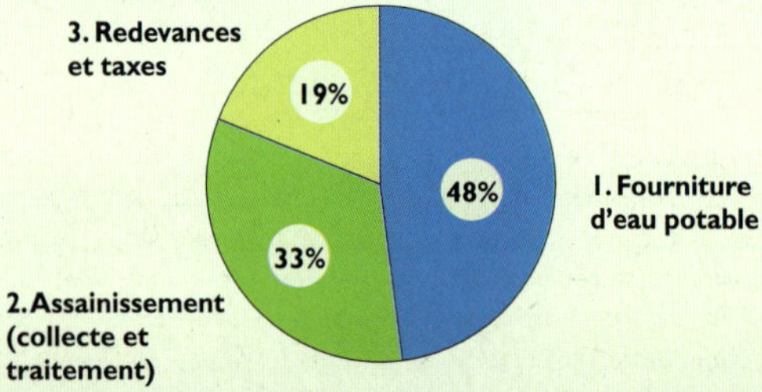

1. Le texte du 10 juillet 1996 relatif aux factures de distribution de l'eau, de collecte et de traitement des eaux usées aurait dû permettre une certaine homogénéisation des factures d'eau. Ce texte et sa circulaire du 14 décembre 1998 précisent en effet le contenu de la facture d'eau, sa présentation et ses modalités d'établissement.

Le prix de l'eau potable ne cesse d'augmenter, car les pollutions grandissantes nécessitent de mettre en place de plus en plus de traitements complexes et coûteux.

Facture type

Facture type construite à partir des valeurs moyennes observées sur le bassin Rhône-Méditerranée-Corse pour l'année 2001

Nom et adresse de l'usager	Renseignements pratiques N° de téléphone en cas d'urgence Nom et adresse du distributeur		Volume consommé : 120 m³	
	Base de calcul	Consommation en m³	Montant en € HT	Montant en € TTC
Distribution d'eau potable				
1. Abonnement (partie fixe) en €	34,53		34,53	36,43
2. Coût du service (en €/m³)	0,92	120	109,95	115,98
3. Redevance de prélèvement (en €/m³)	0,03	120	3,66	3,86
Assainissement (collecte et traitement des eaux usées)				
4. Abonnement (partie fixe) en €	9,30	120	9,30	9,84
5. Coût du service (en €/m³)	0,74	120	88,54	93,41
Organismes publics				
6. Redevance pollution (en €/m³)	0,32	120	38,05	40,14
7. Redevance FNDAE (en €/m³)	0,02	120	2,56	2,70
8. Taxe départementale (en €/m³)	–	–	–	–
9. Taxe voies navigables de France (en €/m³)	–	–	–	–
Montant total HT			286,59	
10. Total TVA			15,70	
Montant total TTC				303
Prix moyen en € du m³ TTC : 2,52				

Les postes 1, 2, 4 et 5 servent à couvrir les coûts d'investissement et d'exploitation des services de distribution d'eau potable et d'assainissement. Ces sommes se répartissent, suivant le mode de gestion, entre la commune, l'éventuelle structure intercommunale ou le distributeur d'eau privé, s'il y a lieu.

Les redevances de prélèvement et de pollution (3 et 6) sont collectées par l'agence de l'eau. Elles sont calculées pour chaque commune redevable en fonction de l'impact sur le milieu. Le produit de ces redevances permet aux agences de l'eau la mise en place d'une politique d'aide financière, dans le domaine de l'eau, adaptée au bassin. Ces aides vont notamment aux communes du bassin lors de leurs investissements et incitent à une bonne exploitation des ouvrages d'épuration. Les aides permettent également de réduire l'augmentation sensible du prix de l'eau induite par les investissements très lourds souvent nécessaires.

La redevance du FNDAE (7), uniforme sur tout le territoire, relève de la solidarité nationale envers les communes rurales lors de leurs investissements.

Certains conseils généraux ont mis en recouvrement une taxe départementale (8) qui sert à alimenter un fonds de renouvellement des réseaux.

Enfin, les postes 9 et 10, soit la taxe des voies navigables de France et la TVA (au taux réduit de 5,5 %) sont les seuls éléments de la facture qui ne concourent pas directement au financement des services de l'eau et de l'assainissement.

Source : agence de l'eau Rhône-Méditerranée-Corse.

PAGE DE GAUCHE *Fragile, la ressource en eau doit faire l'objet de multiples attentions afin de lui conserver sa qualité.*

Prix moyen TTC de l'eau par département en 2004 (avec assainissement collectif)

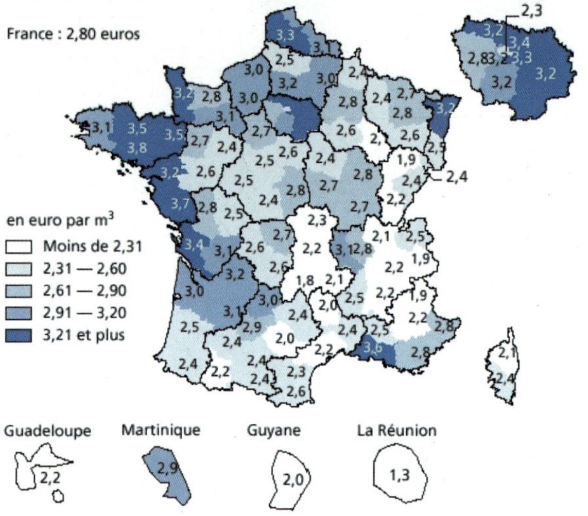

Source : Ifen, Scees, enquête Eau 2001.

Épurer ses eaux usées

Une fois utilisée, l'eau que nous consommons pour la vaisselle, la lessive, l'hygiène, etc., doit être « dépolluée » ou épurée avant d'être rejetée dans le milieu naturel. Le traitement de nos eaux usées n'est que partiel, les eaux rejetées dans le milieu naturel sont encore chargées en polluants. Toutefois, le traitement imposé ne doit pas être à l'origine de nuisances pour la faune, la flore et le milieu récepteur. Il doit assurer une protection sanitaire des individus (absence d'éléments pathogènes).

1 litre d'eau utilisée = 1 litre d'eau usée

Deux possibilités :
1. Votre habitation est raccordée à un système d'assainissement collectif où les eaux usées sont traitées dans une station d'épuration. C'est la commune ou le regroupement de communes qui est responsable de la bonne gestion du réseau.
2. Votre habitation n'est pas en situation d'être raccordée à un réseau d'assainissement collectif, vous devez alors

Selon l'Institut français de l'environnement (IFEN), en 2003 :
- **8 logements sur 10, soit 23,5 millions, étaient reliés à un réseau d'assainissement collectif.**
- **5,1 millions de logements utilisaient un assainissement autonome**
- **600 000 logements rejetaient toujours leurs eaux usées, sans traitement préalable, dans la nature (contre 800 000 en 2002).**

Station de lagunage, le premier bassin, voir p. 91.

mettre en place une installation autonome individuelle bien conçue et correctement réalisée pour un traitement efficace des eaux usées. À partir du 31 décembre 2005, la commune aura des obligations de contrôle sur ce type d'installation.

Les eaux pluviales

• **En réseau unitaire**, les eaux pluviales (hormis les eaux de toiture) et les eaux usées sont mélangées ; elles rejoignent la station d'épuration où elles sont traitées.
• **En réseau séparatif**, les eaux pluviales sont rejetées dans le milieu naturel (en général dans un cours d'eau sans traitement préalable), ce qui évite ainsi de surcharger les stations d'épuration.
Parfois, les eaux pluviales sont envoyées vers des bassins plantés de végétaux qui épurent en partie ces eaux potentiellement polluées, notamment au moment du ruissellement sur les chaussées.
Les eaux de pluie qui ruissellent sur les toitures ou les terrasses ne sont pas considérées comme des eaux usées, elles ne doivent donc pas être raccordées au réseau d'eaux usées mais au **réseau d'eaux pluviales** (lorsqu'il existe) ou mieux, infiltrées directement sur le terrain.
Dans un quartier où il n'existe qu'un réseau unitaire, les eaux de toiture sont obligatoirement gérées au niveau de la parcelle et ne doivent pas rejoindre directement le réseau d'assainissement communal.

Réseau d'eaux pluviales : dispositif de collecte et d'évacuation des eaux pluviales.

L'assainissement collectif

Le principe de fonctionnement

Les étapes sont les suivantes : collecte de toutes les eaux usées, transport, traitement en station d'épuration, rejet dans le milieu naturel.
La collecte est faite dans des canalisations d'eaux usées.
Le transport est fait par le réseau des égouts : réseau séparatif ou unitaire.
Au niveau de la station d'épuration, le traitement sera d'autant plus complexe que le milieu dans lequel s'effectue le rejet sera fragile (le degré de traitement est déterminé en fonction des capacités d'« acceptation » du milieu récepteur, en général un cours d'eau).
Il existe plusieurs types de traitements. Voici un exemple simplifié permettant de comprendre le principe de l'épuration[1].

1. Sur le site de l'Ifremer www.ifremer.fr/ vous pouvez voir un schéma animé d'une station d'épuration.
Remarque : les spécifications techniques des stations d'épuration (rendement épuratoire, flux rejetés, concentration...) sont définies par arrêté préfectoral en fonction des objectifs de qualité des cours d'eau.

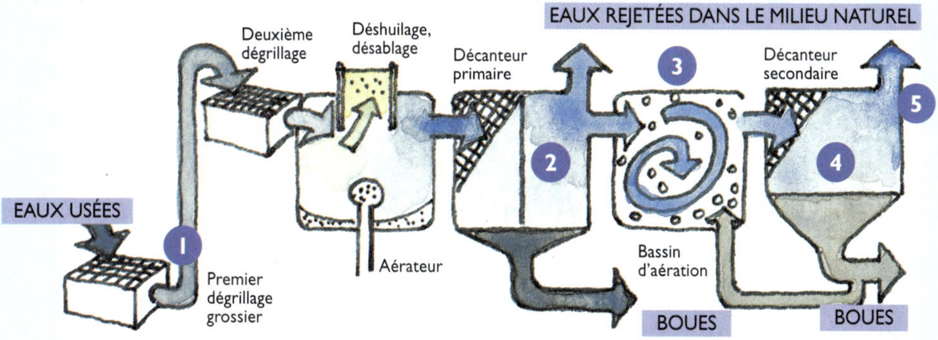

1. À l'arrivée dans la station d'épuration, les eaux brutes polluées traversent des grilles qui retiennent les objets flottants (papiers, gros déchets…) et permettent un dégrossissage.
2. L'eau subit ensuite un premier traitement de décantation dans un bassin appelé décanteur au fond duquel se déposent des boues.
3. Puis l'eau subit un traitement biologique dans un bassin d'aération où des bactéries dégradent peu à peu certains polluants : élimination des matières carbonées (excréments) et d'une partie de l'azote.
4. L'eau passe ensuite par un dernier décanteur.
5. L'eau surnageante, même si elle n'est pas potable, doit être suffisamment épurée pour pouvoir être rejetée à la rivière.

Station d'épuration.

RÉGLEMENTATION

La directive européenne de 1991 sur les eaux résiduaires urbaines demande des niveaux d'épuration en fonction de la sensibilité des milieux et fixe des délais (en fonction du nombre d'habitants profitant des installations d'épuration) pour la réalisation de la collecte des eaux usées et de leur traitement.
Malgré les efforts réalisés par de nombreuses communes pour mettre leurs stations d'épuration aux normes de cette directive, il n'en demeure pas moins que cette dernière n'est pas suffisamment appliquée et une procédure contentieuse a été engagée à l'encontre de la France[1].
Dans le bassin Loire-Bretagne, par exemple, sur 204 agglomérations concernées par la directive (échéances 1998 et 2000), 153 se sont mises aux normes et 34 n'ont aucun projet, les autres étant en attente de financement ou en construction[2].

1. Bruxelles, 8 juillet 2004, réf. : IP/04/870.
2. Tableau de bord 2003 du SDAGE (schéma départemental d'aménagement et de gestion de l'eau) Loire-Bretagne.

Le coût de l'assainissement collectif

Le coût d'investissement pour la collectivité de l'assainissement collectif est de l'ordre de 9 000 à 11 000 euros par habitation. Si l'habitat est dispersé, ce coût augmente bien évidemment. Il sera également fonction des difficultés de réalisation et de la possibilité de réaliser un équipement d'épuration (station d'épuration rustique ou lagunage).
À tout cela s'ajoutent les charges d'exploitation, elles sont annuellement de l'ordre de 100 euros par habitation.

La France enregistre un certain retard en matière d'assainissement, en raison :
– de l'insuffisance des réseaux (quantité, dimensionnement) ;
– de la qualité défectueuse des réseaux (entretien difficile, long et coûteux) ;
– des stations d'épuration mal entretenues ou ayant une capacité trop limitée par rapport au nombre d'habitants raccordés.
C'est ce qui explique en partie la mauvaise qualité de l'eau dans les milieux naturels.

Le devenir des boues d'épuration

Les boues d'épuration sont constituées à plus de 95 % d'eau, de matières organiques, de micropolluants orga-

Station d'épuration.

niques et minéraux. Suivant leur composition, ces boues sont incinérées, mises en décharge, ou utilisées sous forme déshydratée comme engrais en agriculture. Pour ce dernier usage, elles doivent répondre à des critères de qualité définis. Les boues doivent avoir des teneurs limitées en plomb, cadmium, cuivre, *Salmonella*, etc., au total 8 éléments métalliques et 10 « composés traces » et pathogènes.
Depuis quelques années, une campagne d'opposition à l'élimination des boues de station d'épuration par épandage agricole est médiatisée. Ces boues urbaines ne représentent pourtant que 1 % des quantités totales épandues en agriculture ; 98 % proviennent des lisiers de l'élevage intensif et 1 % des boues industrielles.

Étant donné les traitements imposés, les boues de station d'épuration valorisables sont souvent bien moins concentrées en métaux lourds que les lisiers (qui ne subissent aucun traitement). L'épandage agricole est donc une filière de valorisation efficace pour ce déchet urbain, lorsqu'il est bien contrôlé.

Les effluents organiques dans le Bassin Artois-Picardie

Estimation des quantités d'effluents soumis à plan d'épandage en tonnes de matières sèches (1999).

Source : Données, agence de l'eau Artois-Picardie.

Destination des boues des stations d'épuration sur le bassin Loire-Bretagne

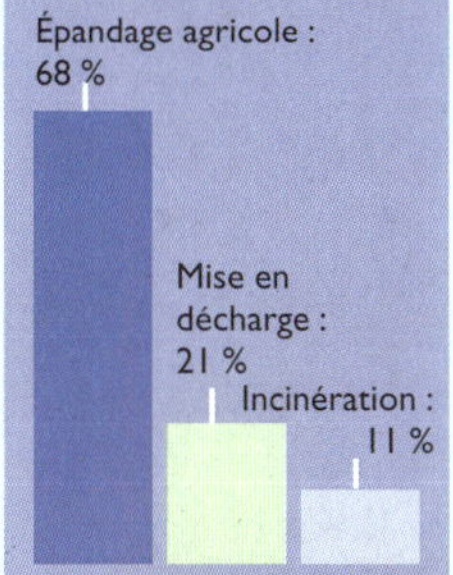

En 2003, la production des boues d'épuration s'élève à 162 000 tonnes de matière sèche (202 500 tonnes si on y ajoute les **réactifs**).

Source : Rapport d'activité 2003, agence de l'eau Loire-Bretagne.

Efluents organiques : résidus chargés en matière organique (excréments, produits résiduels de l'industrie agro-alimentaire).
Réactif : substance employée pour réagir avec une ou plusieurs espèces chimiques en solution.

Soyez attentifs à vos rejets

Savez-vous que les réseaux d'eau usée sont régulièrement entretenus ?

Les réseaux d'eau usée sont régulièrement entretenus par les collectivités, car ils se chargent de dépôts qui peuvent nuire à leur bon fonctionnement et à celui des stations d'épuration (écoulement perturbé, dégradation). Ces dépôts sont régulièrement évacués (grâce aux curages réguliers des réseaux) et traités dans des unités spécialisées. Ils contiennent des déchets encombrants : débris végétaux, cailloux, matière plastique, des sables, de la matière organique, des graisses… Le traitement de ces déchets a un coût économique, social, mais aussi environnemental.

Vous pouvez à votre échelle réduire vos impacts en respectant quelques principes simples.

- Les égouts ont pour objectif de transporter les eaux usées : lorsqu'on parle de « tout-à-l'égout », on pense « eaux » et non pas mégots de cigarettes, bois, ferraille, ballon, balles, vieux mouchoirs en papier, etc. !

Attention aux lingettes et aux protections périodiques féminines jetées dans les toilettes, elles perturbent le fonctionnement des réseaux en bloquant les pompes de relevage par exemple.

À GAUCHE Pour votre voiture, utilisez les aires de lavage prévues à cet effet.
À DROITE Allez déposer les huiles usagées à la déchetterie.

Une règle d'or : ne pas perturber le fonctionnement des stations d'épuration

Les stations d'épuration sont dimensionnées pour recevoir une certaine quantité d'eau et un certain type de pollution, c'est pourquoi il est important de ne pas jeter n'importe quoi dans le réseau d'eaux usées.

- Ne versez pas d'huile, ni de produits chimiques (white spirit, herbicides, médicaments…) dans les éviers, lavabos et toilettes, remettez-les dans leurs emballages d'origine et allez les déposer à la déchetterie.
- Faites tourner votre lave-linge en dehors des « heures de pointe » (18 h-22 h), ainsi vous permettrez d'éviter une surcharge d'eau à traiter en station d'épuration.
- Ne lavez pas votre voiture dans la rue (ni au bord d'une rivière !) : en effet les eaux se chargent en huiles, essences résiduelles et métaux lourds. Cette pollution se retrouve (au mieux) à la station d'épuration si la commune possède un réseau unitaire, alors qu'elle ne doit pas traiter ce type de pollution. Au pire, ces pollutions se retrouvent directement dans la nature : en réseau séparatif, les eaux pluviales sont en général rejetées directement dans les cours d'eau sans traitement préalable. Utilisez les aires de lavage prévues à cet effet qui sont équipées de mini-stations de traitement.

Se raccorder aux réseaux dans les règles de l'art

En France, de nombreuses habitations ne sont pas raccordées au réseau, alors qu'elles devraient l'être. Lorsqu'il existe des réseaux séparatifs, on trouve également des habitations avec de mauvais raccordements aux réseaux : il arrive que des particuliers se branchent par erreur sur le réseau d'eau pluviale, plutôt que sur le réseau d'eaux usées. Les eaux usées, dans ce cas, ne sont pas envoyées vers la station d'épuration… et ne sont donc pas épurées.

- Pour vous raccorder convenablement aux réseaux d'eaux, faites appel à des professionnels reconnus. Pour cela, vous pouvez vous adresser à l'agence de l'eau dont vous dépendez, qui vous renseignera.

Dès lors que votre commune met en place un réseau collectif pour les eaux usées, vous avez obligation de vous y raccorder[1] et cela sans délai pour les nouvelles habitations et dans les deux ans pour les habitations antérieures à la mise en place du réseau.

Il est possible d'obtenir des prolongations de délai pour les propriétaires ayant obtenu un permis de construire datant de moins de 10 ans (par rapport à la date de création du réseau).

1. Article L1331-1 du Code de la santé publique.

Ces gestes de prévention évitent de compliquer les traitements de la pollution domestique, et donc de les rendre plus coûteux…

Ne versez aucune huile usagée sur le sol : elle irait polluer les eaux souterraines.

L'assainissement autonome individuel

Dans l'assainissement autonome individuel, c'est le sol et le sous-sol qui reçoivent les eaux usées .

Dans l'assainissement autonome individuel, c'est le sol et le sous-sol (et non un cours d'eau) qui reçoivent les eaux usées (prétraitées). Il faut donc s'assurer dans un premier temps de la capacité d'acceptation du milieu vis-à-vis des éléments contenus dans les eaux. Il faut s'assurer de la fiabilité du procédé et de sa pérennité.
L'assainissement autonome est réglementé par un arrêté qui fixe les prescriptions techniques (valeurs limites en sortie de l'installation).

Le principe de fonctionnement de l'assainissement autonome

L'assainissement autonome suit toujours le même principe : collecte, prétraitement (ou traitement primaire), traitement et évacuation des eaux dans le milieu naturel (ou traitement secondaire).

- Les eaux usées produites aux différents endroits de l'habitation doivent être collectées puis dirigées vers l'installation de traitement.
- Le prétraitement permet de débarrasser les eaux des matières en suspension et des graisses. Cela évite le colmatage rapide du dispositif de traitement.

Le dispositif le plus courant est la fosse toutes eaux, anciennement fosse septique, mais il en existe d'autres (voir tableau p. 87).

- Traitement secondaire : le prétraitement doit être suivi d'un système de répartition dans le sol qui joue le rôle d'épurateur final avant l'évacuation dans le milieu naturel.

Attention, les eaux de pluie ne sont pas des eaux usées. Elles doivent être évacuées séparément : soit elles rejoignent le réseau d'eaux pluviales, soit elles sont infiltrées directement sur la parcelle.

Deux étapes distinctes

Traitement primaire
Obligatoire, il est constitué en général d'une fosse septique, dans laquelle une fermentation anaérobie décompose et liquéfie une partie des matières.

Traitement secondaire
Également obligatoire, il assure une dégradation microbienne aérobie des matières organiques.
L'eau issue de ce traitement peut être rejetée dans le milieu naturel (sol ou rivière), mais elle contient encore des nutriments (nitrates).

Système d'assainissement avec fosse toutes eaux et système d'épandage

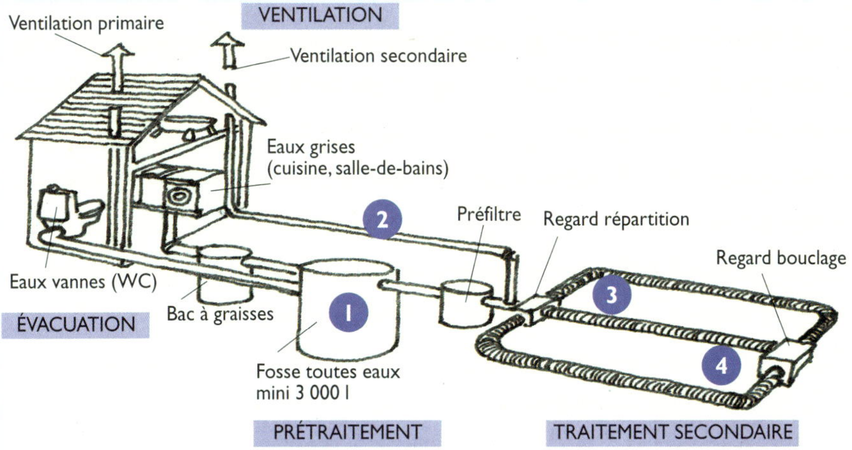

1. La fosse doit être équipée d'un tampon ou « regard » accessible.
2. Dans la fosse, les boues fermentent, il y a des dégagements de gaz qui doivent être évacués (grâce à une canalisation de ventilation et un extracteur) au-dessus du toit de l'habitation.
3. En sortie de la fosse, les eaux sont débarrassées des matières en suspension, mais sont encore fortement polluées. C'est le sol qui va jouer le rôle d'épurateur.
4. Le dimensionnement et la mise en œuvre de l'épandage sont réalisés en fonction de la qualité du sol et du sous-sol, ainsi qu'en fonction du niveau de remontée de la nappe d'eau souterraine.

Eaux vannes : eaux des WC .
Eaux grises : eaux générées par les activités humaines domestiques sans eaux vannes.

Quelques précautions à prendre lors de l'entretien de la fosse

La fosse doit être vidangée régulièrement.

- Attention aux entreprises peu scrupuleuses qui, une fois la vidange réalisée, rejettent les boues dans le réseau d'eau communal (en général le réseau pluvial), ce qui crée d'importantes pollutions. Une façon de se débarrasser à moindre coût et illégalement d'un déchet polluant…
- La vidange doit être réalisée par un professionnel, vous devez vous assurer que les déchets[1] seront convenablement traités (c'est-à-dire que ces boues seront envoyées vers des centres spécialisés de traitement des déchets, bien souvent il s'agit de centres d'incinération).
- Exigez le bordereau de suivi des déchets qui doit mentionner la destination finale de votre déchet. Et pensez à demander la facture de traitement final du déchet.

1. Attention, en tant que producteur de déchets, vous êtes responsable de vos déchets et de leur élimination, vous devez pouvoir justifier de la destination finale donnée aux déchets en conformité avec la réglementation.

REMARQUE SUR LES FOSSES SEPTIQUES (prétraitement des eaux vannes)
Ces dispositifs ne sont plus autorisés pour les nouvelles habitations, mais peuvent être conservés dans le cadre de la réhabilitation d'installations existantes. Les rejets d'effluents, même traités, dans un puisard, puits perdu, puits désaffecté, cavité naturelle ou artificielle sont interdits.

Des exemples de techniques classiques

Le choix d'un système de traitement individuel doit être le résultat d'une confrontation entre les contraintes techniques propres au procédé et les contraintes physiques du terrain.

Il existe de nombreuses solutions pour l'assainissement autonome, vous devez faire appel à des professionnels compétents qui installeront des assainissements qui respectent les exigences réglementaires ; renseignez-vous auprès des agences de l'eau. Pour l'installation d'un assainissement autonome individuel, il faut compter environ 8 000 euros.

Filtre à sable vertical non drainé

Techniques classiquement utilisées en assainissement individuel

Technique	Fonction	Contraintes	Avantages/ inconvénients
Prétraitement (ou traitement primaire)			
Fosse toutes eaux	Prétraitement	La fosse doit être enterrée mais rester accessible et ventilée ; habitation jusqu'à 5 pièces ; le volume minimal de la fosse est de 3 m^3	Vidange tous les 4 ans Système le plus fréquent
Installation d'épuration biologique à boues activées (dégradation aérobie de la pollution par des micro-organismes en culture libre)	Prétraitement Deux modules : dans l'un, aération intense, dans l'autre, sédimentation	Habitation jusqu'à 6 pièces ; le volume minimal de l'installation est de 2,5 m^3	Vidange des boues en excès au moins tous les 6 mois Convient aussi pour du semi-collectif
Installation d'épuration biologique à culture biologique fixée (dégradation aérobie de la pollution par des micro-organismes fixés sur des rames de textile)	Prétraitement	Habitation jusqu'à 6 pièces ; le volume minimal de l'installation est de 5 m^3 ; passage des véhicules à proscrire à proximité de l'installation (sol instable à proximité)	Vidange des boues 1 fois par an Convient aussi pour du semi-collectif
Traitement et évacuation (ou traitement secondaire)			
Épandage souterrain (le sol en place est utilisé comme support épurateur et comme moyen de dispersion de l'effluent traité) (voir schéma p. 85)	Traitement et évacuation (épuration et évacuation des effluents par le sol)	Surface d'emprise supérieure à 200 m^2 suivant la qualité du terrain et la taille de l'habitation ; restriction des usages sur la surface d'épandage (pas d'arbres à moins de 3 mètres, restriction de circulation) ; éloignement de l'épandage de la maison afin d'éviter les remontées capillaires	Solution la plus fréquente
Tertre d'infiltration (épandage situé au-dessus du niveau du sol, lorsque la nappe est trop proche par exemple)	Traitement et évacuation (épuration et évacuation des effluents par le sol)	Surface d'emprise supérieure à 40 m^2 suivant la qualité du terrain et la taille de l'habitation ; restriction des usages sur la surface d'épandage (pas d'arbres à moins de 3 mètres, restriction de circulation) ; éloignement de l'épandage de la maison afin d'éviter les remontées capillaires	Durée de vie de 10 ans Risque de colmatage
Filtre à sable (sol reconstitué lorsque ce dernier est trop perméable) (voir schéma p. 86)	Traitement et évacuation (épuration et évacuation des effluents par le sol)	Emprise de l'ordre de 40 m^2 pour 4 pièces principales ; restriction des usages sur la surface d'épandage (pas d'arbres à moins de 3 mètres, restriction de circulation) ; éloignement de l'épandage de la maison afin d'éviter les remontées capillaires	Rendements moins bons que ceux de l'épandage souterrain. Ce système est déconseillé car ses performances épuratoires ne sont pas bonnes.

L'épuration par filtres plantés de roseaux en assainissement individuel

Le système d'épuration par filtres à roseaux est une technique d'épuration extensive.
Elle reproduit les processus épuratoires des écosystèmes naturels par la création de zones humides artificielles.
Pour les particuliers, elle correspond au traitement secondaire (voir encadré p. 91).
Les eaux passant sur les filtres à roseaux en sortie de fosses toutes eaux subissent 3 sortes de traitements simultanés :
– un traitement physique : filtration au travers des graviers et des systèmes racinaires et rétention d'une partie des matières solides en suspension ;
– un traitement chimique : précipitation de composés insolubles, absorption par les plantes de nitrates et de phosphates, décomposition de divers polluants ménagers sous l'action d'exsudats racinaires des roseaux ;
– un traitement biologique : les bactéries fixées sur les racines des roseaux décomposent les dépots accumulés en éléments simples solubles dans l'eau et nutritifs pour les plantes.

Grâce à ce procédé d'épuration économe en énergie et en maintenance, l'eau retourne au ruisseau à un niveau de qualité « eau de baignade ».
La surface nécessaire à prévoir est d'environ 2 à 3 m^2 par personne.
D'autres plantes lacustres peuvent être utilisées pour l'épuration de l'eau (iris, saule...).
L'efficacité épuratrice des roseaux reste satisfaisante tout au long de l'année. On peut toutefois prévoir une isolation avec de la paille des tiges souterraines des roseaux pour protéger d'un gel excessif.
L'intérêt de ce système d'épuration pour les particuliers se mesure tant au niveau de la qualité de l'eau rejetée que de la simplicité de mise en œuvre et d'entretien : une fauche une fois par an avant l'hiver.
Les coûts énergétiques nuls si la pente est suffisante, l'intégration dans un écosystème, la légèreté et la durabilité d'une telle infrastructure en font une alternative écologique aux traditionnels filtres à sable ou épandages souterrains.
Elle peut être appliquée en assainissement semi-collectif (voir p. 90).

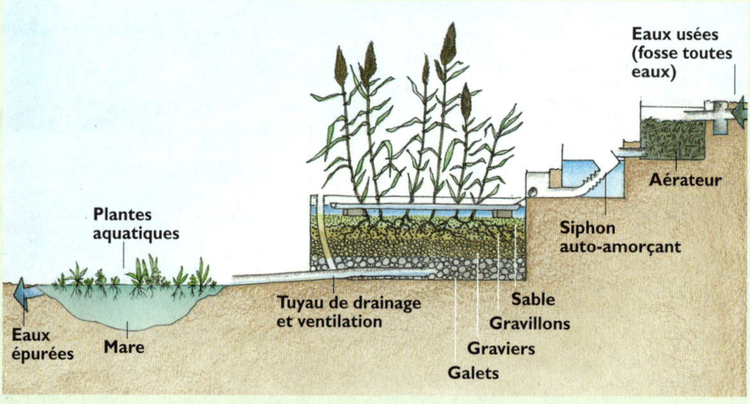

La mise en place de contrôles

La loi sur l'eau de 1992 oblige les communes à mettre en place un service chargé d'assurer le contrôle des installations d'assainissement non collectif. Ce service doit être en place avant le 31 décembre 2005[2].

- Si vous devez réaliser une installation d'assainissement non collectif (par exemple lors de la construction d'une habitation neuve), contactez le service chargé de l'assainissement non collectif de votre mairie, qui vous indiquera les modalités du contrôle qui sera effectué (contrôle administratif de conception et de bonne exécution de l'ouvrage). L'avis technique résultant de ce contrôle vous sera transmis ainsi qu'à l'autorité chargée de délivrer le permis de construire.
- Si votre installation d'assainissement individuel est ancienne, le service de contrôle réalisera un diagnostic de l'installation existante. Les installations en mauvais état de fonctionnement entraînant des nuisances devront être réhabilitées. Des vérifications périodiques devront garantir le bon fonctionnement des installations, qu'elles soient anciennes ou nouvelles.

RÉGLEMENTATION

Les normes et DTU (ou documents techniques unifiés) régissent la bonne mise en œuvre des différentes techniques. Pour l'assainissement, il s'agit du DTU 64.1 : Mise en œuvre des dispositifs d'assainissement autonome. Ceux-ci font référence en matière d'assainissement autonome individuel et proposer d'autres solutions aux collectivités en charge de la délivrance des permis de construire est très compliqué, voire impossible. Les contraintes ne sont pas les mêmes pour l'assainissement autonome semi-collectif. Un gîte, un établissement recevant du public, un groupement d'habitations auront plus de facilité à faire accepter les assainissements alternatifs.

Le système Éparco concentre son action

Pour une habitation de 5 pièces principales, la filière d'assainissement compacte EPARCO[1] se compose :
– d'une fosse toutes eaux de 5 m³ qui décante et dégrade les matières en suspension (grâce à l'action de bactéries) ;
– d'un filtre compact à zéolithe de 5 m² qui assure un traitement secondaire des eaux usées. Ce filtre compact de par sa structure et sa composition permet de réduire la surface de traitement. Encombrement au sol : moins de 15 m² lorsque le sol est peu perméable et/ou que la surface disponible est faible. Mais cette technique nécessite un exutoire (fossé, étang, mare…). Il ne doit pas y avoir à proximité de l'exutoire des usages sensibles comme la baignade.

1. Voir « Adresses utiles », p. 150.

2. L'intervention de ce service, comme pour l'assainissement collectif, fait l'objet d'une redevance auprès des utilisateurs d'eau.

L'assainissement autonome semi-collectif : des techniques alternatives

Les petites communes rurales ont souvent recours à des techniques alternatives, car l'habitat dispersé oblige à mettre en place des techniques d'assainissement autonome semi-collectif et les stations d'épuration classiques représentent de trop gros investissements. Ces techniques alternatives commencent aujourd'hui à être proposées aux particuliers pour les traitements secondaires (voir p. 88) de leur assainissement autonome individuel. Même si les documents techniques d'urbanisme ne les conseillent pas pour les traitements secondaires des particuliers, l'utilisation de ces techniques n'est pas interdite. Si vous souhaitez installer un tel système, vous devez construire un dossier sérieux avant de le présenter aux autorités compétentes (DDE ou service urbanisme de la collectivité) ou, pourquoi pas, vous regrouper avec des habitations voisines (ferme, groupe de maisons…).

Eaux vannes : eaux des WC.
Eaux grises : eaux générées par les activités humaines domestiques sans eaux vannes.

L'épuration sur lit de roseaux

Les eaux usées (**eaux vannes** et **eaux grises**) sont prétraitées par une fosse toutes eaux et un préfiltre afin d'éviter de colmater le lit.

La fosse toutes eaux peut être supprimée s'il n'y a que les eaux grises à traiter (dans le cas où les eaux vannes

À GAUCHE Épuration sur lit de roseaux : on aperçoit le filtre planté de roseaux au centre de la photo.
À DROITE, Filtre à roseaux pour maison individuelle.

Épuration sur lit de roseaux

n'existeraient pas grâce à la mise en place de toilettes sèches par exemple).

L'eau circule horizontalement sous la surface du lit constitué de graviers. Des roseaux sont plantés dans le lit, ils participent à l'épuration en assimilant les nutriments contenus dans les eaux usées. Les racines des roseaux sont des supports privilégiés pour les micro-organismes épurateurs et maintiennent la structure du lit. Les roseaux doivent être fauchés une fois par an. Cette technique peu coûteuse en énergie, simple à mettre en œuvre et efficace en matière d'épuration peut être utilisée dans les petites communes, mais également pour l'assainissement individuel car elle nécessite une surface relativement réduite (voir encadré p. 88).

La réglementation n'est pas la même pour un particulier ou pour une collectivité. Quel que soit le système de traitement secondaire retenu, le particulier est tenu d'installer une fosse toutes eaux pour le traitement primaire de ses eaux d'épuration.
Une collectivité, elle, peut traiter ses eaux usées directement avec un système d'épuration avec filtres à roseaux ou de lagunage naturel, le système choisi faisant alors office de traitement primaire et secondaire.
D'où l'intérêt de se regrouper avec des habitations voisines.

Le lagunage naturel

Le lagunage naturel est un procédé d'épuration biologique de type extensif. Les effluents collectés et dirigés vers des bassins en série y subissent une épuration grâce à des organismes vivants (la matière organique contenue dans les effluents favorise le développement d'une flore bactériologique).

Principe de fonctionnement : 3 bassins de faible profondeur (1,20 m) sont disposés en série. Dans le premier bassin l'eau brute décante et commence une dégradation des

À gauche, Deux bassins d'une station de lagunage. À droite, le deuxième bassin.

matières solubles par des micro-organismes. Ensuite, dans les autres bassins, les effluents subissent une épuration bactérienne, grâce à une flore,constituée d'algues microscopiques, qui se développe à partir de la matière organique contenue dans les effluents. L'implantation de cette installation doit être faite à plus de 200 mètres du groupe d'habitations. La composition de l'effluent à traiter doit rester

Lagunage naturel

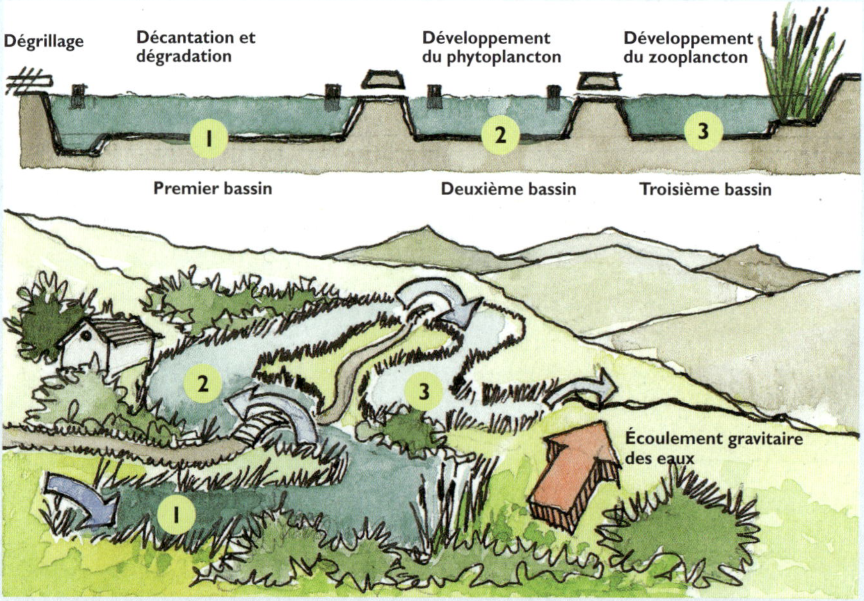

constante (ne pas y raccorder les effluents d'une nouvelle activité ou ceux provenant d'un garage, d'un atelier d'imprimerie...). Il est possible d'ajouter au dernier bassin des plantes supérieures comme des roseaux, des joncs... qui filtreront l'eau.

Ces systèmes d'épuration par les plantes demandent un entretien régulier comme le curage des boues, la coupe des végétaux, le remplacement des plantes tous les 5 à 10 ans. Ils sont gourmands en surface disponible – entre 5 et 20 m² par usager – mais peu coûteux en fonctionnement. Ils sont, de ce fait, plus difficiles à concevoir pour les particuliers.

Ce sont des zones intéressantes du point de vue paysager, mais aussi écologique, lieux de refuge pour la faune et la flore des milieux humides.

Les jardins filtrants

Les jardins filtrants constituent des combinaisons d'écosystèmes liés à l'eau[3]. La configuration et la taille des bassins sont fonction de chaque situation, suivant le nombre d'habitants, la pente et la nature du terrain. Ils servent à traiter les eaux usées de petites collectivités.

3. Ils ont été mis au point par une société : Site Concept et Environnement, aujourd'hui Phytorestore. Voir « Adresses utiles », p. 150.

Jardins filtrants

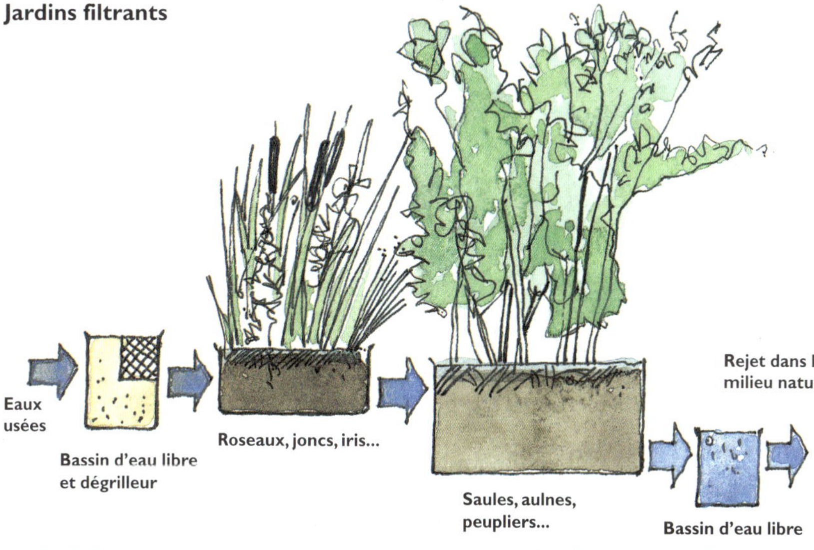

La phytoremédiation ou l'utilisation des plantes pour dépolluer le sol

La phytoremédiation (utilisaion des plantes pour dépolluer le sol) agit sur certains polluants : les métaux lourds (chrome, plomb, nickel, etc.), les composés organiques et les composés radioactifs. Elle est surtout utilisée pour assainir des zones polluées. Certaines collectivités commencent à l'utiliser comme traitement tertiaire (voir p. 95).

Elle fait intervenir plusieurs mécanismes :

1. les polluants sont précipités, absorbés ou piégés par la plante, ce qui diminue donc leur mobilité dans le sol, c'est la phytostabilisation ;

2. les polluants sont absorbés par les racines, puis sont amenés vers les parties aériennes où ils sont accumulés : c'est la phytoaccumulation. Le tournesol *Helianthus annuus* a de fortes capacités de phytoaccumulation ;

3. les composés organiques polluants sont transformés en substances non toxiques par des réactions enzymatiques dans le sol ou dans la plante : c'est la phytoextraction ;

4. le polluant est volatilisé sous une forme non toxique : c'est la phytovolatilisation ;

5. les polluants sont dégradés par une action complexe de la plante et des micro-organismes de la rhizosphère. En effet, certaines plantes (tournesol, saule, bambou...) sécrètent des substances qui augmentent l'activité des micro-organismes à proximité des racines (au niveau de la rhizosphère) et des enzymes qui participent à la dégradation des polluants.

Les végétaux récoltés lors de la dépollution d'un sol sont soit brûlés (on peut parfois récupérer les métaux et les réutiliser), soit utilisés comme terreau ou autre matière première. Cela est fonction du type de pollution traité.

Les mécanismes de la phytoremédiation

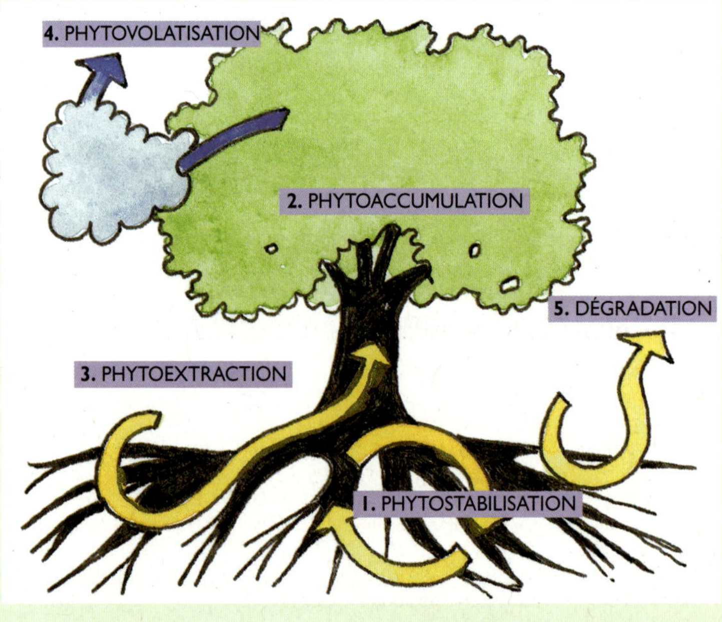

Comparaison des procédés alternatifs d'assainissement semi-collectifs

Procédé	Exploitation	Utilisé pour	Surface nécessaire	Coût	Avantages/ inconvénients
Filtre planté de roseaux	Faucardage tous les hivers ; tous les 3 ou 7 jours, manœuvre des vannes d'arrivée des effluents (pour le changement de compartiment*)	Toutes eaux (grises et vannes) si prétraitement en amont sinon eaux grises seulement	2 à 7 m^2 par usager	Environ 4 000 € pour une famille de 4 personnes	Demande un entretien régulier. Bien adapté pour les particuliers (voir encadré p. 88)
Lagunage naturel	Entretien des berges ; **faucardage** des roseaux tous les hivers ; curage du premier bassin de décantation tous les 2 ou 3 ans ; curage complet des bassins tous les 10 à 15 ans	Traitement complet des eaux grises et vannes ou traitement tertiaire pour affiner la qualité des eaux prétraitées	15 à 20 m^2 par usager ; l'emprise peut être diminuée avec les techniques de lagunage aéré	Investissement : fonction du terrain (300 à 500 € par équivalent habitant) ; énergie : aucune (sauf si lagunage aéré : 100 W/j/usager)	Bonne intégration paysagère ; emprise au sol importante, élimination de l'azote et du phosphore incomplète (70 % pour l'azote et 60 % pour le phosphore) ; technique peu coûteuse en entretien Pour collectivités
Jardins filtrants	Entretien paysager	Traitement secondaire ou tertiaire	1 à 5 m^2 par usager		Aménagement paysager facilité Pour collectivités

Ces procédés supportent mal de longues absences (plus de 2 mois), surtout en période sèche.
* Opération indispensable lorsque l'intallation accueille les eaux vannes afin d'éviter le colmatage

Faucardage : coupe des herbes des rivières et des marais au moyen d'une grande faux.

Rappels

- **Traitement primaire ou épuration primaire (obligatoire)** : elle consiste à éliminer les matières solides (graisses, objets flottants) par dégrillage, décantation…

- **Traitement secondaire ou épuration secondaire (obligatoire)** : l'épuration de l'effluent continue grâce à l'action de bactéries.

- **Traitement tertiaire ou épuration tertiaire (facultatif)** : elle consiste à éliminer les polluants comme le phosphate ou tout du moins à réduire la concentration des polluants à un niveau acceptable pour le milieu et les activités humaines (par exemple : stérilisation en sortie de station d'épuration avant de rejeter les eaux dans le cours d'eau pour éviter la contamination de nageurs).

Soyez autonome et efficace

- Ne mélangez pas les eaux pluviales à vos eaux usées ;
- Raccordez votre lave-linge au circuit d'assainissement et non à la descente pluviale comme c'est souvent le cas lorsque cet appareil est installé au sous-sol…
- Il n'existe pas de solution unique en matière d'épuration, mais chaque situation a sa solution. Faites-vous aider par des professionnels[1].

Et ne perdez pas de vue que le seul moyen efficace pour limiter les impacts sur l'environnement est de limiter la pollution de l'eau à la source.

1. Voir « Adresses utiles », p. 150.

Une collectivité innovante

La communauté d'agglomération du Choletais a décidé de mettre en place, sur la commune de Vézin, une installation d'épuration des eaux usées (destinée à traiter les eaux usées de 1 900 habitants = 1900 EH) utilisant des filtres plantés de roseaux couplés à une technique de phytoremédiation. Un premier étage planté de roseaux permet de filtrer les eaux brutes et de traiter la majeure partie de la matière organique. Un deuxième étage constitué d'une lagune permet de traiter 92 à 95 % de la matière organique restante. Cela n'est pas suffisant pour le phosphore : la réglementation impose de ne rejeter que 20 % du flux entrant de phosphore La collectivité a donc opté pour un traitement avec des bambous (sur 3,5 hectares) qui doit compléter cette épuration et permettre de ne rien rejeter dans le milieu. La surface de cette installation, qui devrait voir le jour en 2006, atteindra environ 6 hectares.

Le bambou : la phytoremédiation au service de l'assainissement

Une société spécialisée dans le traitement des eaux[1] propose d'utiliser le bambou pour traiter les effluents d'épuration. Cette technique permet un traitement complet des eaux usées, elle ne rejette aucun effluent dans le milieu et ne produit pas de boue. Les sous-produits issus de la culture du bambou sont utilisés dans la création de parquets, d'objets ou autres.

1. Phytorem SA.

Filtres plantés de roseaux au printemps.

Les toilettes sèches

Pour limiter la pollution à la source, les toilettes sèches constituent une solution efficace. Certains d'entre vous ont certainement connu ces « cabinets » de nos campagnes au fond du jardin, sans eau, où l'on recouvrait les excréments de cendre ou de sable. Personne ne garde la nostalgie de ces endroits d'où se dégageaient de fortes odeurs. Les toilettes sèches que nous allons décrire ici sont très différentes.

Des toilettes sèches extérieures au centre terre vivante.

Tous les systèmes d'éco-assainissement demandent l'évacuation périodique des produits finaux ainsi qu'un entretien et une inspection des installations ; l'usager doit s'assurer du fonctionnement correct de son installation.

Le modèle scandinave (utilisable en habitat collectif, en ville)

Dans les toilettes scandinaves, urines et matières fécales sont séparées, l'objectif étant de déshydrater la matière fécale.

Dans certains modèles, l'urine et les matières fécales sont déshydratées grâce à un petit chauffage et un ventilateur, et se réduisent à très peu. La vidange s'effectue en éliminant le sac qui contient les résidus. Dans d'autres modèles, l'urine est évacuée dans le circuit des eaux grises ou dans un réseau d'épandage ; les matières fécales seules sont déshydratées par un ventilateur puis évacuées.

Ces toilettes existent depuis plus de 30 ans, elles sont bien adaptées pour des zones isolées qui reçoivent du public. D'après les nombreux témoignages, ces toilettes sont quasiment sans odeurs si un nettoyage régulier de la cuvette est réalisé.

Des toilettes sèches, de modèle scandinave, au centre terre vivante.

Toilettes sèche, modèle scandinave

Il s'agit ici de toilettes où l'urine et les matières fécales sont déshydratées puis évacuées dans un sac avec les ordures ménagères.

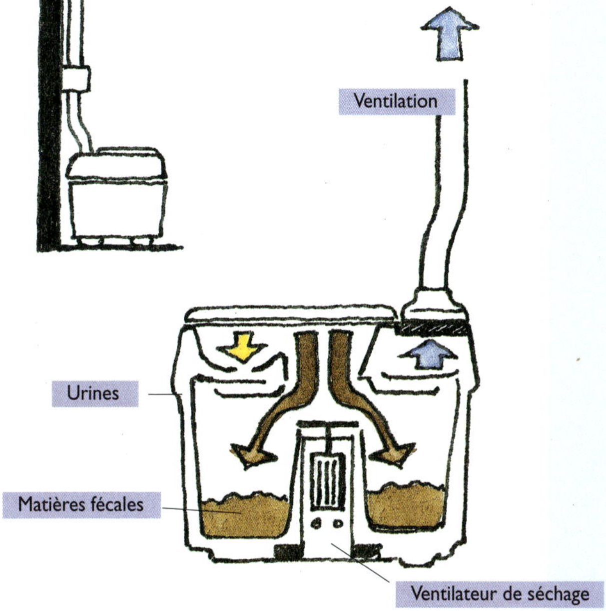

Principe de fonctionnement général des toilettes sans eau

Les matières fécales tombent sur un tapis roulant incliné. Les urines s'écoulent vers le bas dans un réservoir de stockage ou sont infiltrées directement dans le sol si ce dernier le permet.

Les matières solides tombent dans un sac où elles sont déshydratées grâce à un petit ventilateur électrique actionné par un dispositif photovoltaïque.

Un ventilateur, distinct du ventilateur de séchage, évacue l'air contenu dans le local technique, via une cheminée débouchant en toiture. Une vidange régulière évacue les matières sèches déshydratées vers des centres d'incinération (via la collecte des déchets ménagers pour les particuliers). Lorsque cela est réalisable, les matières solides peuvent être utilisées dans un compost.

Les toilettes à litière biomaîtrisée (TLB)

Joseph Országh[4], scientifique et ancien membre de la Commission des eaux de la région wallone, a développé le concept des toilettes à litière biomaîtrisée (TLB). L'utilisation des TLB permet un retour dans le milieu naturel d'une matière organique sous forme d'humus (en partant du principe que tout ce qui quitte le sol doit y revenir à travers la fermentation qui s'opère dans le compost).

Le principe de fonctionnement

- Les toilettes ne sont raccordées à aucune arrivée d'eau, ni tuyau d'évacuation. Les urines et les excréments sont collectés dans un seau et recouverts de litière. L'ajustement judicieux de la litière permet le bon développement de l'**humus**. La litière mélangée aux déjections bloque les odeurs. La litière est composée de matière végétale sèche contenant de la **lignine** et de la **cellulose**, cela peut être de la sciure de bois, des végétaux broyés, du carton déchiqueté.
- Le récipient est vidé régulièrement sur un carré à compost aménagé dans le jardin. La fréquence des vidanges dépend de celle de l'utilisation des toilettes et de la capacité du réservoir. Grâce au compostage, les agents pathogènes (bactéries, parasites intestinaux, etc.) sont éliminés[5]. Pour une transformation optimale de la matière à composter, il faut, au début du compostage, un bon dosage entre matière organique d'origine humaine et matière d'origine végétale. Le compostage doit obligatoirement se faire sur le sol (pas dans un bac), en symbiose avec la faune qui y vit.
- Pendant un an, les effluents des TLB sont déposés dans un premier carré de compost avec les déchets de cuisine et tous les déchets de jardin. Au bout d'un an, on fait un deuxième tas (en forme de toit) avec le contenu du premier carré de compost et on recouvre ce deuxième toit d'une mince couche de tourbe (1 cm) et d'une bonne couche de paille (20 cm). On le laisse pendant encore un an sans y toucher. Pendant ce temps on recommence à remplir le premier carré à compost. Au bout de cette

Humus : substance résultant de la décomposition partielle, par les micro-organismes du sol, des déchets végétaux et animaux.
Cellulose : substance caractéristique de la membrane des cellules végétales.
Lignine : constituant organique que l'on trouve dans les cellules de soutien de la paille et du bois.

4. Voir « Adresse utiles », p. 150.
5. Voir encadré « Le sol est vivant », p. 103.

année, le compost du deuxième tas est prêt pour être utilisé au jardin. Il convient à tous les usages agricoles, sans le moindre risque sanitaire.

À ceux qui n'ont pas le temps ou le courage de déplacer une fois par an leur carré de compost, Joseph Országh conseille de déverser les effluents des TLB sur une parcelle du jardin afin de réaliser une sorte de tas en forme de toit de maison, de couvrir avec un peu de tonte d'herbe, des feuilles mortes ou de la paille, d'écorces ou copeaux de bois. Le tas ainsi constitué s'allonge au fur et à mesure des déversements. Après un ou deux ans, on peut revenir au point initial pour utiliser le compost et recommencer à déverser ses effluents[6].

L'utilisation de toilettes sèches peut poser problème pour certains visiteurs, pensez à expliquer de manière amusante l'intérêt et le fonctionnement de ces toilettes.

Un modèle simple de toilettes sèches (conception Philippe Redois).

Des réticences culturelles...

Pour Joseph Országh, les TLB représentent « une démarche très efficace pour la protection des eaux et la régénération des terres, mais elle demande un effort de gestion de la part de l'utilisateur. Leur adoption est un pas décisif sur le chemin de la prise en charge individuelle du devenir de notre planète. [...] Nous devons accepter que nos déjections ne sont pas des déchets à éliminer mais font partie intégrante de l'écosystème qui nous fait vivre ».

6. Voir « Adresses utiles », p. 150.

Comment installer des toilettes à litière biomaîtrisée

- Vous pouvez réaliser vous-même vos TLB[1], une simple chaise trouée avec un récipient au-dessous fera l'affaire (pensez à utiliser des matériaux facilement lavables : l'inox pour le seau est idéal, du bois pour l'assise).
- Pour un modèle manufacturé, il faut compter environ 270 € pour le siège en bois massif vernis et 100 € pour le seau en inox ; l'association Toilettes du monde[1] réalise des commandes groupées pour ses adhérents.
- Pour la litière, vous pouvez utiliser des broussailles broyées et compostées pendant 2 ou 3 mois. Les sciures de bois sont aussi très efficaces, vous pouvez les fabriquer vous-même si vous avez un broyeur ou vous les procurer dans des scieries ou auprès de recycleurs de bois[1].

RÉGLEMENTATION

Il n'est pas interdit d'utiliser des toilettes sèches. Le problème réglementaire risque de se poser pour les TLB et notamment la plateforme de compostage. Il est nécessaire de consulter le règlement sanitaire départemental, auprès de la préfecture de votre département.

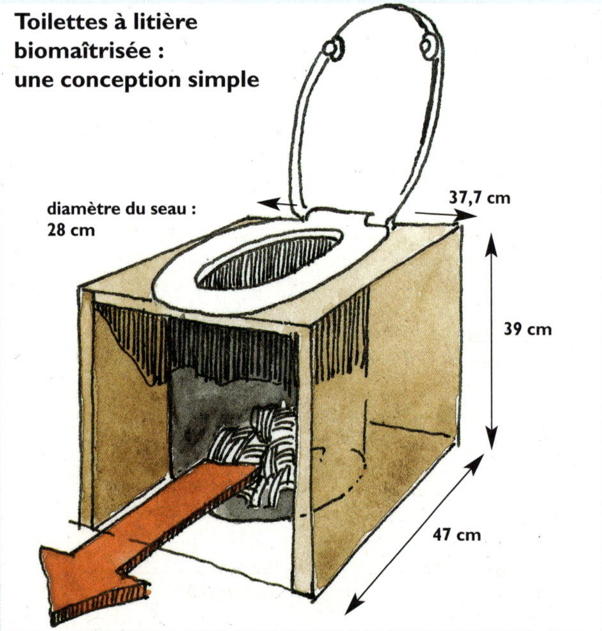

Toilettes à litière biomaîtrisée : une conception simple

▸ Vous pouvez aussi bien installer vos TLB à l'intérieur qu'à l'extérieur. Afin de faciliter le vidage du seau, (une ou deux fois par semaine pour une petite famille) prévoyez un emplacement des TLB au rez-de-chaussée et proche d'une ouverture vers le jardin. Attention, la réserve de sciure représente un volume important (une réserve de sciure de 1 m^3 vous permetta de ne pas avoir à vous réapprovisionner trop souvent), il faut en tenir compte au moment de l'installation.
▸ Prévoir deux seaux afin d'effectuer des rotations : un seau est vidé, rincé et aéré alors que le second prend sa place dans les TLB (avec au fond un peu de litière, cela permettra d'absorber les odeurs).
Vous devrez rincer le seau à chaque vidange, les eaux de nettoyage devront être versées sur le compost.
Pensez à installer pelle, gants et arrivée d'eau près du compost.
Comme des toilettes classiques, les TLB demandent un entretien régulier…

1. Voir « Adresses utiles », p. 150.

Pasteuriser : stériliser par échauffement (à environ 80 °C).

Le sol est vivant

Le compostage est une fermentation « chaude » qui permet d'obtenir de l'humus, avec l'avantage de **pasteuriser** la matière organique et d'éviter ainsi la contamination des sols par les germes pathogènes. Le produit fini (compost) permet de nourrir le sol sans l'infester.
Sous l'action des organismes du sol, matières végétales et animales se transforment en humus. Cette transformation est d'autant plus importante que les matériaux de départ seront riches en cellulose et en lignine. Cependant, un matériau trop riche en cellulose et en lignine sera pauvre en azote, en phosphore et en potassium (que l'on trouve dans la matière organique) ; il se décomposera donc très lentement. D'où l'intérêt du fumier qui est riche en cellulose et en lignine (paille) et riche en matière organique provenant des excréments d'animaux.
Pour avoir un bon compost, il faut éviter de l'exposer au soleil et aux vents dominants. La matière organique doit être entassée de façon que l'oxygène (nécessaire aux champignons humificateurs) puisse pénétrer le tas. Les dimensions optimales sont de 3 mètres de large et 1,50 mètre de haut. Le tas sera d'autant plus pointu que la région est pluvieuse.
Lorsque toutes ces conditions sont réunies, le tas monte en température (jusqu'à 80 °C) sous l'action de germes thermophiles comme les actinomycètes. Ces champignons producteurs d'antibiotiques vont bloquer le développement des bactéries minéralisatrices et éviter ainsi des pertes de substances.
Cette première étape dure environ 15 jours. Lorsque la température baisse, insectes, crustacés, vers viennent broyer la matière organique. Ensuite interviennent les champignons humificateurs (résistants aux antibiotiques) : ils fabriquent l'humus à partir de la cellulose et de la lignine. En huit semaines, le compostage a permis d'assainir et d'humifier la matière organique.
Il est recommandé de retourner le tas au moins 3 fois pendant le cycle de fermentation.
Le compost évite d'utiliser des engrais chimiques ; soulignons qu'il faut 3 tonnes de pétrole pour faire 1 tonne d'engrais azoté…

Pour en savoir plus

Il existe d'autres types de toilettes sèches qui utilisent différentes technologies en fonction des besoins et des contraintes de chaque projet[1].

L'association Toilettes du monde conseille et appuie les programmes d'assainissement de projets de solidarité internationale. Pour la France, l'association est un centre de ressources et de démonstration spécialisé dans les toilettes sèches. Elle édite un guide des fabricants et distributeurs de toilettes sèches.

1. Vous pouvez retrouver tous ces exemples dans l'ouvrage de D. Esrey *et al.*, *Assainissement écologique*, Stockholm, Agence suédoise de coopération internationale au développement (ASDI), 2001.
Vous pouvez également lire *Un petit coin pour soulager la planète* de Christophe Elain.

troisième partie

La gestion des **eaux pluviales** et les captages d'eau

La gestion de l'eau de pluie

Sur les 150 litres d'eau potable que nous utilisons par personne et chaque jour, seulement 7 % correspondent à nos besoins pour la boisson et l'alimentation. Aussi, la récupération des eaux pluviales pour des usages ne nécessitant pas d'eau potable (WC, arrosage, lavage…) est une excellente solution de substitution.

L'eau de pluie est de bonne qualité mais elle se dégrade en ruisselant sur des surfaces imperméabilisées et contaminées de divers polluants. Il est donc intéressant de valoriser cette eau et de l'utiliser avant qu'elle ne soit polluée.

Récupérer l'eau de pluie permet de limiter les débits et les apports d'eau dirigés vers les réseaux d'assainissement. Cela est important car ce réseau a une capacité limitée. Il ne peut pas traiter la totalité des eaux usées en cas de forte pluie[1].

Récupérer l'eau de pluie contribue à préserver la ressource en eau.

Utiliser l'eau potable du robinet pour l'arrosage est du gaspillage : la meilleure solution consiste à récupérer l'eau de pluie.

1. Selon une étude de l'agence Artois-Picardie, les rejets urbains dans le milieu naturel par temps de pluie représentent en volume environ 10 fois plus important que les rejets des stations d'épuration, ils provoquent un choc sur le milieu naturel.

Récupérer l'eau de pluie

Pour une utilisation dans la maison

Groupe hydrophore : système de pompe qui se met en route dès la première demande d'eau, assure une pression constante et prévient la marche à sec.

◗ Le principe

1. La pluie qui tombe sur la toiture est dirigée vers une citerne, *via* des gouttières et des chenaux.

2. L'eau est filtrée par un filtre placé avant le collecteur afin d'éliminer les débris et le développement de vase.

3. Lorsque la citerne est pleine, un trop-plein permet de diriger les eaux vers le réseau d'eaux pluviales.

4. Un **groupe hydrophore** permet de pomper l'eau et de la mettre sous pression de façon à alimenter les conduites d'eau de la maison en réseau séparé (pour alimenter les sanitaires et les appareils ménagers).

Le principe de la récupération de l'eau

Sur ce shéma n'apparaît pas le réseau d'eau potable, totalement indépendant.

Retour d'eau

Il peut arriver que le réseau d'eau potable soit mis en dépression, suite à un incendie par exemple ou à une casse de conduite provoquant un important soutirage. Cette dépression peut entraîner un retour d'eaux polluées sur le réseau d'eau potable. C'est pour cette raison qu'il est obligatoire d'installer des disconnecteurs empêchant les retours d'eau au niveau du réseau alimenté par des eaux considérées comme potentiellement polluées (eau de pluie, eau de captages privés).

Comment s'y prendre

La quantité d'eau de pluie récupérable dépend de la surface de captage (toiture) et de la pluviométrie du site. Dans un premier temps, il faut s'assurer que toutes les précautions contre le gaspillage ont été prises (appareils économes en eau). Ensuite, il faut identifier les postes qui seront raccordés à l'eau de pluie et réfléchir aux besoins. Par exemple, pour couvrir les besoins des WC d'une habitation, il faut environ 15 à 20 m^2 de toiture par personne.

Les matériaux utilisés en toiture, dans les canalisations et pour la citerne peuvent améliorer ou détériorer la qualité de l'eau récupérée.

Réglementation

Le Code civil permet à chacun d'utiliser l'eau de pluie qui tombe sur son terrain, mais cela ne doit pas causer de préjudice à ses voisins.

Pour des usages restreints comme l'arrosage des jardins de particuliers, il n'existe pas d'obstacle à l'utilisation de l'eau de pluie. En revanche, si vous prévoyez une installation pour alimenter votre habitation, quelques éléments réglementaires sont à prendre en considération.

- Tout d'abord, la distribution de l'eau de pluie sur le réseau intérieur d'une habitation doit faire l'objet d'une déclaration à la DDASS. Le réseau alimenté par l'eau pluviale doit être entièrement indépendant du réseau d'eau potable. la DDASS demande que le réseau alimenté par l'eau pluviale soit clairement identifié (par exemple : couleurs des tuyaux différentes, coloration de l'eau).
- Il est aussi impératif d'installer un système évitant les retours d'eau (voir encadré ci-dessus).
- Si l'usager est relié au réseau d'assainissement collectif, la commune calculera la redevance d'assainissement en fonction de la surface d'habitation et du nombre d'habitants.
- En ce qui concerne l'utilisation pour l'alimentation de l'eau de pluie, en France, les autorités sanitaires n'y sont pas favorables, mais cela n'est pas interdit. L'usager, s'il s'agit d'un usage familial, doit alors en faire la déclaration à la DDASS.
- Dans tous les cas, l'eau destinée à la consommation humaine doit répondre aux exigences de qualité définies dans le chapitre « Eaux destinées à la consommation humaine ». Pour s'en assurer, il est nécessaire d'envoyer régulièrement des échantillons au laboratoire départemental.

• En toiture, on choisira de préférence des matériaux naturels (tuiles, ardoises, pierre). Les tôles en fibrociment qui contiennent de l'amiante et les toitures à base de goudron sont à proscrire. •
• Des filtres (dégrillage, crépine) en amont de la citerne permettent de retenir les particules (feuilles, débris, etc.) provenant de la toiture.
• La citerne doit être étanche et protégée des pollutions externes. Elle doit être équipée d'un système d'aération, d'un indicateur de niveau, d'un trop-plein d'évacuation muni de grille et d'un clapet anti-retour (dans le cas où il y a un branchement eau de ville prévu pour remplir la citerne au moment des épisodes de sécheresse).
• L'eau est récoltée dans une citerne enterrée dans le jardin, ou bien placée dans la cave. La citerne doit être de préférence en béton ou en maçonnerie, car elle constitue le premier traitement de l'eau récoltée : les composantes basiques du béton ou du mortier neutralisent l'acidité naturelle de l'eau de pluie (ce qui est préférable pour les canalisations) en y introduisant un peu de sels minéraux (calcium, potassium, magnésium, sodium).

L'eau des réservoirs en acier ou en polyéthylène devient rapidement putride et inutilisable, ces matériaux ne sont donc pas recommandés. Si vous devez malgré tout en utiliser une, installez au fond de la cuve un bloc de calcaire,

Cuve en béton de 10 m³ pour le stockage de l'eau de pluie.

afin de neutraliser l'acidité naturelle de l'eau de pluie.

• Un système permet de distribuer l'eau collectée : c'est le groupe hydrophore. À la sortie du groupe hydrophore, on installera un filtre (avec des pores de 10 microns) lavable. L'eau de pluie filtrée sur 10 microns convient à tous les usages non alimentaires. L'installation de deux filtres en série l'un de 25 ou de 20 microns l'autre de 10 microns permet d'espacer les nettoyages des filtres.

Groupe hydrophore (Wilo-RainSystem).

Obtenir de l'eau potable

Obtenir de l'eau alimentaire nécessite d'ajouter à cette technique une troisième filtration. Elle permet d'éliminer les micro-organismes, bactéries, virus, pesticides, métaux lourds, etc. Cette filtration peut être réalisée grâce à une cartouche céramique (dont la porosité est de 0,4 micron) associée à un filtre au charbon actif. Ces filtres sont placés sous l'évier de distribution « eau potable » et n'alimentent donc qu'un seul robinet.

Cette solution (déconseillée par les autorités sanitaires) nécessite un entretien rigoureux ; il faut impérativement respecter les recommandations des fournisseurs en ce qui concerne le remplacement des filtres et éviter ainsi des problèmes de relargage de polluants dans l'eau consommée. Vous devrez également faire analyser votre eau de boisson régulièrement afin de vous assurer de sa potabilité.

À GAUCHE *Différents éléments à brancher sur les descentes de gouttière.*
À DROITE *Préfiltre antiboues de 10 et 20 microns.*

Passez à l'action

Dimensionnement de la cuve

En connaissant la pluviométrie locale ainsi que les besoins mensuels de l'habitation, on peut réaliser une première estimation pour la taille du réservoir.

Ainsi, vous pouvez réaliser un tableau sur le modèle suivant, afin de vous aider au calcul du dimensionnement de la cuve[1].

	Départ	Mois 1	Mois 2	Mois 3	Mois 4
Pluie récupérable en litres : pluviométrie (mm/m^2) x surface de captage (m^2) x 0,60 (coefficient de perte)		900	700	800	800
Besoins (en litres) par mois		800	800	600	700
Volume d'eau dans le réservoir	0	100	0	200	300

Volume d'eau dans réservoir mois « n + 1 » = volume d'eau dans réservoir mois « n » + pluie récupérable du mois « n » – besoins du mois « n »

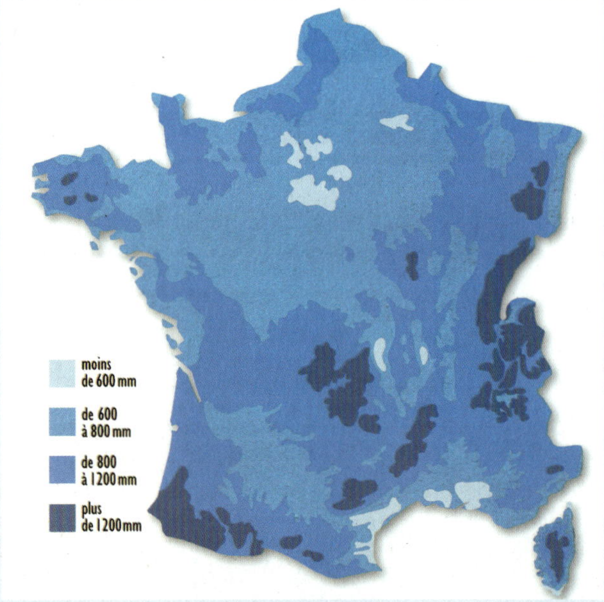

Hauteur moyenne des précipitations annuelles
Source : Météo France, *Atlas climatique de la France.*

Évaluation des besoins

Pour évaluer vos besoins mensuels, vous pouvez vous aider des valeurs suivantes.

Installation	Utilisation	Consommation d'eau
WC	6 utilisations/personne/jour	3 à 6 litres pour des WC économiques
Lave-linge	Capacité de 5 kg de linge par lavage 0,25 lavage/personne/jour	40 à 60 litres par lavage (reportez-vous aux caractéristiques de votre appareil) ; les appareils les plus récents consomment environ 50 litres par lavage
Lave-vaisselle	Capacité de 12 couverts : 0,25 lavage/personne/jour	13 à 20 litres par lavage (reportez-vous aux caractéristiques de votre appareil)
Arrosage du jardin		15 à 20 litres par m^2 par arrosage

En règle générale, pour une maison abritant une famille de 4 personnes, d'une superficie au sol de 100 m^2, on placera une citerne de 14 à 15 m^3 de capacité.

1. J. Chéron, A. Puzenat, *Les eaux pluviales, récupération, gestion, réutilisation*.

Le coût

Le coût d'une installation de récupération de l'eau de pluie sera évidemment fonction des besoins (donc des quantités à collecter et à stocker) et des usages à prévoir (donc des filtres à installer).

Pour une cuve de béton enterrée, d'une capacité de 10 m^3, il faut compter environ entre 3 000 euros et 8 000 euros (avec ou sans les filtres). Plus l'installation est réfléchie en amont du projet de construction, et moins c'est cher.

Pour un groupe hydrophore, comptez environ 1 000 euros.

Un exemple à suivre

Il y a bientôt 4 ans, Arnaud et Véronique (et leurs deux enfants) ont fait construire une maison près de Lyon. Dès le départ, ils avaient pensé alimenter leur habitation en eau de pluie pour tous leurs besoins excepté l'alimentation. Malgré la réticence du constructeur et les remarques de leurs amis, ils ont fait installer une cuve en béton de 10 m^3 (de 3,50 mètres de haut) enterrée dans leur jardin. La cuve est équipée d'un filtre (constitué d'une mousse), d'une vanne anti-retour et d'une pompe qui permet de redistribuer l'eau sur l'ensemble du réseau de l'habitation. Avant la distribution (en aval du réservoir) l'eau passe par un filtre de porosité égale à 1 µm. Ce filtre est régulièrement changé.

Le toit est recouvert de tuiles en terre cuite. Pour optimiser la récupération de l'eau de pluie, les quatre toitures récupèrent les eaux de pluie qui sont dirigées vers la cuve. Cela fait une surface totale de 100 m^2. Une crapaudine arrête les impuretés avant la cuve. Pour l'entretien de la cuve, le filtre est lavé tous les 3 mois et le fond de la cuve nettoyé 1 fois par an (ce n'est pas une obligation, laver le filtre en amont suffit).

Résultat : l'eau est limpide et de bonne qualité, comme l'a montré une analyse physico-chimique et bactériologique faite par un laboratoire agréé.

Dans leur maison, l'ensemble du réseau d'eau est alimenté par l'eau de pluie, il n'y a qu'un robinet eau de ville au niveau de l'évier dans la cuisine.

En 3 ans et demi, ils n'ont consommé que 90 m^3 d'eau de ville. L'eau de pluie étant très douce, ils n'utilisent pas d'assouplissant et consomment moins de produits ménagers qu'avec l'eau de ville.

L'installation leur a coûté, en 2001, 4 268 euros, pose comprise.

Leur conseil : bien réfléchir à la conception le plus en amont possible du projet de construction.

Dans le système qu'ils ont installé, il n'y a pas de clapet anti-retour au niveau du trop-plein de la citerne et ils le déplorent, car en cas de fortes pluies il peut y avoir passage d'éléments polluants par cet orifice.

Ils ont évalué leur retour sur investissement à 5 ans et sont tout à fait satisfaits de leur installation.

Arnaud et Véronique ont utilisé les services d'une entreprise[104], qui a fait la livraison de la citerne équipée de tous les filtres nécessaires. Ils ont profité de la présence des pelleteuses lors de la construction de la maison pour faire creuser le trou nécessaire.

104. Eaux de France, voir « Adresses utiles », p. 150.

Pour une utilisation au jardin

Vous ne faites pas construire, vous n'avez pas la possibilité d'installer un réseau pour l'alimentation en eau de pluie dans votre habitation, vous êtes locataires... Vous pouvez tout de même récupérer l'eau de pluie pour l'arrosage de votre jardin.

Tout jardin devrait posséder sa réserve d'eau de pluie. Pour cela, des installations simples et peu coûteuses sont disponibles sur le marché. Les simples fûts recueillant l'eau de pluie ne coûtent rien, mais n'offrent qu'une autonomie limitée.

Pour une installation un peu plus élaborée, on trouve des cuves extérieures (225 litres et plus) munies d'un robinet, d'un socle et d'un couvercle équipé d'un réceptacle de gouttière simple pour une cinquantaine d'euros.

Pour pouvoir arroser au jet ou avec des arroseurs, il faut une installation se composant d'une citerne équipée d'une pompe d'arrosage donnant une pression suffisante. Le poste pompe augmente le budget de 150 à 200 euros. Il est amorti en 3 ans environ.

Une installation relativement simple permet un arrosage pratique du jardin.

Pour quelques euros, on peut se munir d'un récupérateur d'eau de pluie à placer sur la gouttière, pour l'arrosage des plantes en pots. Il suffit de percer la gouttière et de placer un récipient qui sert à récupérer l'eau.

Deux idées de cuves de récupération d'eau de pluie pour l'arrosage du jardin.

Récupérer l'eau de pluie sans utilisation d'énergie

Pour récupérer l'eau de pluie dans une habitation, il est nécessaire de mettre en place une pompe qui fonctionne grâce à l'énergie électrique.
Il est cependant possible de récupérer l'eau de pluie sans utilisation d'énergie.
En 1941, Juan Antonio a construit sa maison avec l'aide d'un maçon au milieu de la garrigue sur une petite colline des Corbières audoises. Dès le départ, il a eu l'idée d'utiliser l'eau de pluie pour alimenter la maison en eau : en effet, celle-ci est isolée, à 3 km du village, et aucune source ne coule sur les terrains secs calcaires. Le dispositif est simple : une cuve (de 15 m^3) en maçonnerie accolée à la maison permet de récupérer les eaux de toiture (environ 100 m^2), un trop-plein envoie les eaux vers une autre cuve enterrée (un puits) dans le jardin. L'eau s'écoule de façon gravitaire vers deux robinets d'eau (un à l'évier, l'autre à l'extérieur de la maison pour le jardin). Un simple filet en plastique (utilisé pour les vignes) placé à l'entrée de la cuve empêche les gros éléments (feuilles, insectes, etc.) de passer.
La cuve est régulièrement vidée et nettoyée (1 fois par an) afin d'éliminer les éventuels dépôts au fond.
Cette cuve est en activité depuis plus de 60 ans. Il n'y a jamais eu d'eau turbide, la famille a même consommé cette eau jusque vers les années 1960…

Captage des eaux pluviales dans le monde

- L'Allemagne, qui fait pourtant figure de pionnière en Europe pour l'utilisation de l'eau de pluie (usages non potables : arrosage des jardins, utilisation pour les WC et les lave-linge), n'a pas de réglementation précise et privilégie les branchements au réseau local de distribution d'eau potable.
- En Belgique, toute nouvelle construction doit être équipée d'une installation de captage des eaux pluviales pour l'utilisation des chasses d'eau et l'arrosage du jardin.
- Des mesures financières incitatives (subventions à l'achat de citernes) existent en Corée et à Tokyo pour les sanitaires et l'arrosage des jardins.
- Le ministère de l'Environnement du Luxembourg aide également financièrement à la mise en place de récupérateurs d'eau de pluie.
- En France, nous l'avons vu, les autorités sanitaires y sont plutôt défavorables : elles craignent les mauvais branchements et les pollutions potentielles du réseau d'eau potable.
- En Californie, il existe différents niveaux de qualité de l'eau pour la consommation humaine ou pour les eaux de contact, jusqu'aux utilisations sans contact comme l'arrosage.

La gestion des eaux pluviales

Toits, parkings, routes sont autant de surfaces sur lesquelles l'eau s'écoule sans s'infiltrer. La multiplication de ces zones imperméables augmente les volumes d'eau à évacuer des zones urbaines.

En milieu urbain, les eaux pluviales sont collectées dans des réseaux afin d'être évacuées le plus vite et le plus loin possible dans un cours d'eau. Bien souvent, ces réseaux, qu'il est difficile et coûteux d'entretenir, sont encombrés,

Lors d'événements pluvieux importants, l'eau n'arrive pas à s'infiltrer dans le sol et peut provoquer de fortes inondations.

obturés de sable, de gravats, de déchets... Lorsque se produisent des pluies intenses, les eaux ne peuvent plus être évacuées, les réseaux saturent et débordent...
Pour limiter les risques d'inondation et de pollution des eaux, il est indispensable de traiter les eaux pluviales le plus possible à la source et trouver des moyens d'infiltration et de stockage de ces eaux.

Les toitures végétalisées retiennent 70 à 90 % des eaux de pluie et limitent ainsi les risques d'inondation.

La végétalisation des toitures

Les toitures végétalisées représentent une alternative intéressante pour améliorer notre paysage urbain et limiter l'eau qui encombre les réseaux d'eaux usées.

Le principe

Le principe est simple mais la réalisation doit être soignée pour garantir l'étanchéité du toit.
Une structure étanche recouvre la charpente, surmontée d'un dispositif isolant anti-racine (voile non tissé ou feutre) permettant d'installer une couche de substrat de quelques centimètres sur laquelle pousseront les végétaux.
Le substrat est un support nécessaire aux racines des plantes installées sur le toit, il doit également être capable

Avantages des toitures végétalisées

- En cas de forte pluie, la végétalisation des toitures limite le débit de pointe et réduit la charge des eaux rejetées dans les réseaux d'eaux usées. La toiture végétalisée retient 70 à 90 % de l'eau de pluie : une partie est utilisée par les plantes, une autre est évaporée, et une autre évacuée avec un effet retard dans les réseaux ou infiltrée dans le sol. Seuls 10 à 30 % de l'eau s'écoulent au moment de l'événement pluvieux.
- Protection des matériaux sous-jacents du toit, d'où une longévité accrue des toitures et des membranes d'étanchéité (une durée de vie 2 fois plus longue qu'une toiture classique).
- Isolation acoustique : un substrat de 12 cm peut à lui seul atténuer les bruits de 40 dB.
- Isolation thermique été comme hiver : l'été, les végétaux protègent l'habitation des rayons du soleil et, grâce au phénomène d'évapotranspiration, la température diminue ; l'hiver, le substrat constitue une isolation supplémentaire.
- Les toitures végétalisées permettent la préservation de la biodiversité en augmentant le nombre d'espèces végétales, mais aussi celui des zones d'habitat et d'abris pour la faune, notamment les insectes. Elles embellissent également le paysage.
- Les végétaux des toitures végétales filtrent les particules de l'atmosphère et contribuent donc à l'amélioration de la qualité de l'air urbain.

de retenir les éléments nutritifs et l'eau, tout en permettant l'évacuation des excès.
Des substrats légers (à base de pouzzolane et de terreau) ont été développés spécifiquement pour les toitures végétalisées.
Il existe plusieurs types de toitures végétales :
– Végétalisation intensive utilisée sur les toitures à faible pente : 30 cm au moins de substrat, elle nécessite l'apport régulier d'eau et de fertilisants...
– Végétalisation semi-intensive : elle nécessite 10 à 30 cm de substrat et un apport d'eau régulier.
– Végétalisation extensive : elle se contente de 4 à 10 cm de substrat. Les végétaux utilisés, à racines très superficielles, très résistants, ne demandent pas ou peu d'entretien. Cette technique peut s'utiliser avec des pentes de toit jusqu'à 25°.
C'est la technique la plus intéressante du point de vue environnemental. Elle est utilisée pour des constructions nouvelles, mais aussi en réhabilitation.

L'étanchéité du toit demande un soin particulier et nécessite de faire appel à un professionnel.

Quelques précautions à prendre

• Attention : réservez l'autoconstruction à des parties non habitées, de faible pente et de petite surface. Dans les autres cas, faites appel à des professionnels, car l'étanchéité d'un toit ne souffre pas le bricolage, et travailler

Mise en place d'une toiture végétale.

sur un toit nécessite de respecter certaines règles de sécurité prévues par la loi.
Le professionnel devra étudier les problèmes d'évacuation de l'humidité afin d'installer une ventilation adaptée. Il devra définir la capacité de résistance du toit et la charge admissible. Comme pour un toit classique, l'imperméabilité du toit doit être garantie : toutes les protections d'étanchéité du toit doivent être vérifiées avant la végétalisation.
Il est également nécessaire de mettre en place un écran anti-racines. Seul le béton est imperméable et peut être considéré comme résistant aux racines.

• Le choix du substrat (lui-même conditionné par la charge admissible du toit) ainsi que le choix des espèces se feront en fonction de l'inclinaison du toit, de la poussée du vent, de l'orientation, du degré d'ombrage, de la pluviométrie, de la région.
Un toit ensoleillé avec une inclinaison de 5 à 10° pourra être recouvert d'un mélange (de 8 cm d'épaisseur) de pouzzolane et de terreau humifère (à hauteur de 5 %), les espèces plantées seront plutôt des *Sedum*, du thym faux serpolet, des potentilles.
Un toit ombragé d'une inclinaison de 10 à 15° accueillera volontiers des carex, de l'œillet des bois, du *Sedum* blanc, de la ciboulette sur un substrat de 16 cm (mélange de pouzzolane et terreau) recouvert d'un paillage de 2 cm de gravier.
N'oubliez pas que les espèces choisies pourront être des sources de nourriture et des lieux de séjour attractifs pour les animaux comme les oiseaux et les insectes.
Pour le choix de la végétation, il est préférable d'utiliser des espèces indigènes. Une évacuation rapide des eaux favorise la croissance des plantes grasses comme les *Sedum* et une réserve d'eau stimule les herbacées et les graminées.
Attention, les racines pivotantes de certaines espèces (cirse, pissenlit, chiendent, prêle) peuvent perforer le film anti-racine. Un contrôle annuel et un arrachage manuel suffiront amplement à préserver votre toit. N'utilisez jamais

d'herbicides, même sélectifs, car ils endommageront définitivement les espèces plantées et le substrat, sans compter leurs effets sur la santé et l'environnement…

Maison d'habitation avec une toiture à plusieurs pentes entièrement végétalisées.

Aucun entretien, ni arrosage

Il y a 8 ans, François Heydacker[1] (architecte paysagiste) et son associé ont décidé de mettre en place une toiture végétalisée sur un petit local qui sert d'atelier à l'entreprise. Le toit de faible pente a été étanchéifié[2] puis recouvert d'un grillage et d'un mélange de pouzzolane et sable. Sur ce substrat de 2 cm, 5 variétés de *Sedum* ont été plantées ; 8 ans après, il reste 4 variétés de *Sedum*, et des mousses et des lichens se sont installés. Aucune plante adventice n'a pu s'établir, grâce au type de substrat et à sa faible épaisseur. Aucun entretien ni arrosage ne sont nécessaires. Aucun problème d'étanchéité comme cela est souvent redouté. Les *Sedum* marquent les saisons et la toiture végétalisée participe à la gestion des eaux pluviales sur la parcelle.

1. Société Outside.
2. Siplast® : étanchéité utilisée pour les toitures-terrasses.

Le toit végétalisé de l'atelier.

Passez à l'action

Végétaliser soi-même un petit toit de faible pente, d'une construction secondaire

Prérequis : un toit étanchéifié par un professionnel

1. Mise en place du substrat

Sur les toits à pente inférieure à 3°, une couche de drainage (constituée de graviers) doit être installée sous le substrat. On utilise un substrat léger, à base de pouzzolane.

Dès qu'il est en place, vous pouvez procéder à la plantation.

2. Plantation

Le plus simple est de planter des jeunes plants de vivaces. Pour diminuer le coût, on peut mélanger des semis et la plantation de boutures.

20 plantes par m² suffisent largement. Attention, plus la pente est raide, plus la plantation doit être dense, pour éviter les phénomènes d'érosion.

3. La couverture du substrat

Pour des pentes inférieures à 15°, il peut être intéressant de couvrir le substrat (à réaliser en même temps que les plantations), c'est-à-dire de déposer des graviers entre les plantations afin de maintenir le

Les *Sedum*, des plantes extraordinaires

Patrick Nicolas[1], pépiniériste passionné, cultive plus de 180 variétés de *Sedum* de façon biologique : elles font partie de la collection nationale pour les espèces de *Sedum* et de *Sempervirum*.

Les *Sedum* savent se satisfaire de conditions extrêmes (sécheresse, froid, vent), leurs racines ne sont pas agressives (des protocoles d'essai ont été réalisés sur des toitures à la demande des étanchéistes et ont été tout à fait satisfaisants). Les *Sedum* fleurissent, leur feuillage change de couleur en fonction des saisons et des apports « naturels » de nutriments (la coloration rougeâtre peut indiquer un manque d'éléments nutritifs). On peut réaliser un toit entièrement avec des *Sedum*. Plus les espèces de *Sedum* seront nombreuses, plus longue sera la floraison du toit.

On peut créer de véritables paysages avec des *Sedum* : en mélangeant des variétés dorées, rougissantes, bleutées, en repérant les dates de floraison qui s'étalent de mai à octobre, en jouant sur la hauteur avec les grands *Sedum*.

1. Voir « Adresses utiles », p. 150.

substrat en place, d'éviter son dessèchement et l'installation de graines indésirables. Cette couverture permet également de constituer une réserve de minéraux pour les plantes. Elle a aussi un rôle décoratif : son choix doit donc être réfléchi.
Pour un toit ombragé, la mise en place de gravier n'est pas nécessaire car les mousses s'y installent rapidement.

4. Entretien

On procède à un arrosage du substrat jusqu'à ce qu'il n'absorbe plus d'eau (elle coule alors dans la gouttière).
Le toit doit être maintenu humide durant 4 à 6 semaines afin que les racines se développent bien : prévoyez plutôt de réaliser votre toiture au printemps ou à l'automne.
Par la suite, aucun entretien n'est à prévoir : une toiture végétale extensive évolue naturellement.

Schéma de principe d'une toiture végétalisée

1. Infrastructure (béton, acier, bois...)
2. Isolation
3. Étanchéité avec traitement antiracines
4. Drainage sauf si forte pente ou substrat drainant
5. Géotextile perméable anticolmatage
6. Substrat composite léger retenant l'eau
7. Végétaux sélectionnés (racines, développement, résistance, esthétique)

Les Sedum *changent de couleur au fil des saisons.*

◗ Le coût d'une toiture végétalisée

Environ 100 euros le m² (hors étanchéité) pour des carrés précultivés installés par des professionnels[2]. Le prix dépend des spécificités du toit (découpe, pente).
Si vous plantez vous-même, comptez environ 1 à 2 euros par godet de *Sedum* ou 0,30 cents pour des boutures nues.
Le coût d'une toiture végétale est finalement égal ou inférieur à celui d'une toiture traditionnelle, car il n'y a pas d'entretien et sa durée de vie est plus longue.

◗ La réticence des collectivités locales

En France, la construction de toitures végétalisées n'est pas encouragée. Les règlements d'urbanisme sont même souvent des freins car ils imposent des matériaux bien définis (comme les tuiles). La loi du 13 décembre 2000 (dite loi SRU – loi de solidarité et renouvellement urbain) a remplacé le plan d'occupation des sols (POS) par le plan local d'urbanisme (PLU[3]). Progressivement, les collectivités le mettent en place. Ces documents sont soumis à enquête publique : chacun doit en profiter pour participer aux débats et aux décisions qui seront prises concernant les futures orientations d'urbanisme. Pourquoi ne pas inciter les communes à autoriser les techniques de végétalisation de toiture ? Renseignez-vous auprès de votre commune.

2. Vous trouverez des adresses utiles dans « Adresses utiles », p. 150.
3. Le PLU est un document d'urbanisme et de planification élaboré à l'initiative et sous la responsabilité de la commune. Il définit les orientations d'urbanisme.

La gestion des eaux pluviales grâce aux techniques alternatives

La Seine-Saint-Denis est un département particulièrement exposé aux inondations. C'est une ancienne région humide marécageuse où tous les cours d'eau ont été enterrés. Il y a très peu d'espaces verts, l'urbanisation y est très dense, l'infiltration naturelle de l'eau y est donc difficile voir impossible. La direction de l'eau et de l'assainissement du département a mené différentes études dans ces domaines et a été précurseur dans l'utilisation des techniques alternatives[1].
Elles sont de deux types :
◗ Retenir l'eau après l'orage pour réguler les débits et limiter les risques de pollutions par débordement en aval (par exemple : bassin d'orage, toiture-terrasse végétalisée ou non (avec un substrat absorbant comme des graviers) ;
◗ Infiltration de l'eau par le sol pour réduire les volumes d'écoulement (fossés enherbés).
Ces aménagements sont l'occasion d'utiliser ces espaces pour d'autres fonctions. Ainsi, les espaces verts sont traités comme des espaces de loisir mais également comme maillon du système de régulation de l'eau pluviale.

1. Elle édite des brochures (voir « Adresses utiles » p. 150).

Les fossés enherbés sont un bon moyen de favoriser l'infiltration de l'eau.

De nombreux parkings pourraient être réalisés avec des dalles alvéolées qui permettent l'infiltration de l'eau.

Des techniques qui favorisent l'infiltration de l'eau

Des techniques existent qui consistent à allonger le temps de parcours de l'eau (plus le cheminement de l'eau est long, plus les débits sont faibles), à retenir l'eau et à favoriser son infiltration dans le sol.

- Aménager des parkings ou des allées de jardin au moyen de matériaux qui laissent passer l'eau comme les dalles alvéolées.
- Stocker l'eau de ruissellement dans des espaces aménagés pour une immersion localisée temporaire, sûre et sans nuisances : sur un terrain de sport, un parking, une place publique, par exemple.
- Créer des fossés enherbés et plantés, larges et peu profonds avec des rives en pente douce, qu'on appelle des noues. Les noues permettent de stocker les eaux pluviales en superficie. Outre leurs avantages dans la gestion des eaux pluviales, elles permettent de créer un paysage végétal dans des zones urbanisées. Elles nécessitent un entretien identique à celui d'un espace vert.
- Réaliser des tranchées drainantes (ouvrages linéaires de 1 mètre de profondeur) sur des terrains perméables. dont l'entretien est nécessaire par les collectivités.
- Sur des terrains imperméables, envoyer les eaux de toitures dans un puits d'infiltration plutôt que vers le réseau des eaux pluviales.

Favorisez l'infiltration naturelle

Pour les eaux de toiture

Si on ne peut pas installer un système complet permettant de gérer les eaux pluviales, comme une citerne de récupération d'eau de pluie ou une toiture végétalisée, on peut néanmoins se préoccuper de ne pas envoyer ses eaux pluviales vers les égouts. On peut par exemple permettre l'infiltration de l'eau de pluie en dirigeant les descentes de gouttière vers un fossé, une mare, ou une plate-bande végétalisée.

Dans le jardin

Des aménagements simples permettent de favoriser l'infiltration naturelle de l'eau de pluie au niveau des parcelles.
Vous pouvez limiter l'imperméabilisation du sol en créant un parking engazonné plutôt que goudronné ou cimenté, ou encore une allée en gravier.

Au niveau de la parcelle

Si le terrain le permet, vous pouvez installer une tranchée ou une chaussée drainante, un bassin de retenue (mare), un puits d'infiltration. Si vous optez pour une de celles-ci, vous devez tenir compte de la réglementation locale (par exemple dans des secteurs

Il est possible de diriger les eaux de gouttière vers une mare.

gypsifères et des secteurs couverts par le Plan de prévention des risques « carrières souterraines abandonnées », l'infiltration est à proscrire), de la capacité d'infiltration du terrain et de la qualité des eaux infiltrées[1].

Pour tout ce qui concerne la gestion des eaux pluviales au niveau de la parcelle, on doit se renseigner auprès de la commune, le POS (lorsqu'il existe encore) ou le PLU reprend toutes les obligations auxquelles on doit se soumettre. Si on souhaite infiltrer ses eaux de pluie dans un fossé existant, il faut demander l'autorisation au propriétaire du fossé.

1. Pour en savoir plus sur les techniques d'infiltration, voir le site de l'Association douaisienne de promotion des techniques alternatives dans « Adresses utiles », p. 150.

Les agences de l'eau proposent depuis 2002 aux collectivités et aménageurs des aides financières pour ces techniques alternatives. Pour les eaux de toiture, par exemple, elles aident à la déconnexion des eaux de gouttière : traitement au niveau de la parcelle par un puits d'infiltration plutôt que raccordement au réseau des eaux pluviales (le projet doit être porté par la commune pour être financé).

L'entrée d'un garage peut être réalisée avec des dalles alvéolées.

Les captages individuels d'eau

Le prix de l'eau augmente, les consommateurs font malheureusement de moins en moins confiance à la qualité de l'eau du robinet et un nombre croissant de particuliers veulent réaliser leur propre captage d'eau. Si cela permet de régler le problème du coût de l'eau, cette solution ne fournit pas forcément une eau propre à la consommation et n'est pas sans impact sur l'environnement.

Évolution du prix de l'eau (dans les bassins Rhône-Méditerranée et Corse)

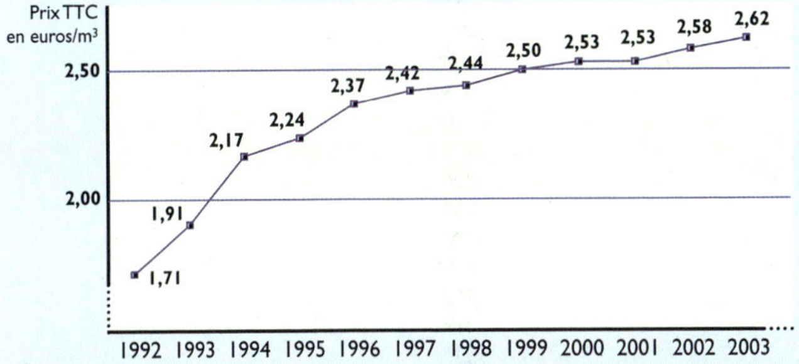

Source : Agence de l'eau Rhône-Méditerranée-Corse.

Malgré sa relative abondance dans certaines régions, l'eau fait parfois défaut ailleurs. De plus en plus de particuliers optent pour un captage individuel.

RÉGLEMENTATION : CE QU'IL FAUT SAVOIR AVANT DE RÉALISER UN CAPTAGE

- Au titre de la loi sur l'eau, toute installation dont la capacité de prélèvement est au moins égale à 8 m3/h est soumise à autorisation. Le décret du 11 septembre 2003 définit comme usage domestique des prélèvements de moins de 1 000 m3/an.
- Tous les forages d'une profondeur supérieure à 10 mètres, quelles que soient les quantités d'eau prélevées, doivent être déclarés (avant le début des travaux) à la direction régionale de l'industrie, de la recherche et de l'environnement (DRIRE). Quelle que soit la profondeur du forage, la description des travaux, ainsi que la coupe géologique, doivent être envoyés à l'organisme départemental en charge de la police de l'eau (en général, il s'agit de la DDAF direction départementale de l'agriculture et de la forêt) une fois les travaux réalisés.
- Tout projet de puits ou de forage doit faire l'objet d'une déclaration auprès de la DDASS.
- Comme pour l'eau pluviale, il est interdit (sauf dérogation de la DDASS) de raccorder son puits au réseau intérieur pour éviter les retours d'eau.
- En cas d'utilisation pour la consommation humaine d'une autre source que le réseau d'eau potable (eau de pluie, eau d'un puits ou forage privé, etc.), l'usager est tenu de le déclarer en mairie. Ainsi, si l'habitation est reliée au réseau d'assainissement collectif, la commune calculera la redevance d'assainissement en fonction de la surface d'habitation et du nombre d'habitants.
- Comme pour n'importe quel prélèvement d'eau (de pluie, de source, de surface, etc.), si cette eau est destinée à l'alimentation humaine, elle doit répondre aux critères de qualité définis par la réglementation[1]. L'eau doit donc être analysée régulièrement (en théorie, de façon continue…) par un laboratoire agréé[2].

---

1. Décret 2001-1220 du 20 décembre 2001.
2. Laboratoire départemental : se renseigner auprès de la DDASS de votre département.

Un captage individuel ne ressemble guère à un captage industriel, mais il doit cependant se conformer à une réglementation précise.

Le captage des eaux de surface

Les différents types de cours d'eau

	Cours d'eau domaniaux	Cours d'eau non domaniaux
Définition	Appartiennent au domaine public de l'État : – les voies d'eau, lacs et canaux inscrits à la nomenclature des voies navigables – les cours d'eau non navigables classés par décret en Conseil d'État dans le domaine public	Tous les autres
Qui en a la responsabilité ?	L'État	Le propriétaire
Sous quelle forme s'excerce cette responsabilité ?	Gestion et conservation	– Droit de propriété des berges et du lit – Droit d'usage de l'eau dans le respect de la réglementation en vigueur (comme la loi sur l'eau) – Obligation d'assurer l'entretien ou d'y participer en fonction des usages et des règlements
Qui contrôle ?	L'État exerce la police des eaux	L'État exerce la police des eaux

Les riverains des cours d'eau non domaniaux, et ceux dont la propriété est traversée par un cours d'eau, bénéficient d'un droit d'usage de l'eau, pour leurs usages propres, dans le respect des lois en vigueur.
Par ailleurs, le propriétaire du fonds supérieur (terrain en amont) ne peut priver de son droit d'usage le propriétaire du fonds inférieur (terrain en aval). Il doit par conséquent restituer l'eau ou la laisser s'écouler en quantité suffisante, et ne peut en dégrader la qualité à un point tel que le riverain inférieur ne puisse plus s'en servir.

Aujourd'hui, les eaux de surface sont polluées. La qualité de l'eau doit être analysée (prélèvement d'échantillons, analysés par le laboratoire départemental) avant la mise en place d'un dispositif de captage. L'usage qui en sera fait dépendra de cette analyse, qui elle-même sera régulièrement renouvelée.

Capter l'eau d'un cours d'eau sans énergie électrique

Le bélier hydraulique est utilisé pour l'élévation d'eau en provenance d'une chute d'eau ou d'un ruisseau avec un peu de pente.
Il fournit de l'eau sans dépense d'électricité ni de carburant.
Le bélier utilise la pression produite par l'arrêt brutal d'une colonne d'eau qui s'écoule dans une conduite (coup de bélier) pour relever une partie de cette eau à un niveau supérieur à celui du point de captage.
Le fonctionnement dépend de la seule force motrice de l'eau.
Il faut compter entre 600 euros et 3 000 euros pour un bélier hydraulique selon les modèles (qui sont fonction de l'élévation, de la chute, de débit d'eau[1]).

1. Voir « Des Adresses utiles », p. 150.

Le système du bélier hydraulique

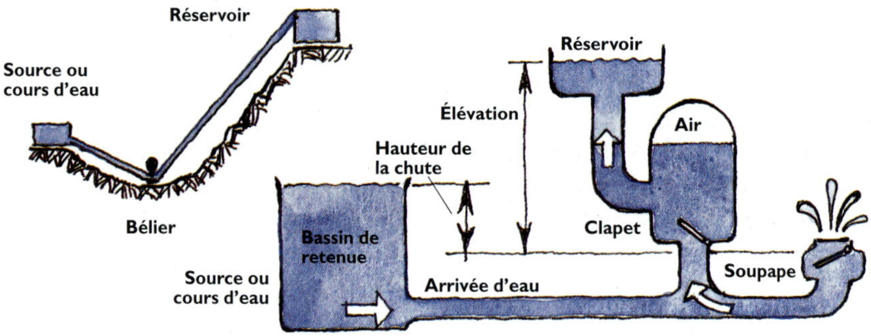

Un bélier au Dévezet

C'est au cœur de la Lozère que Patrice, Uli et Thérèse ont acheté une bâtisse pour leurs vacances, sans eau ni électricité.
Pour subvenir à leurs besoins en eau, ils ont alors installé eux-mêmes un bélier hydraulique. Ce bélier remonte les eaux du petit ruisseau voisin, sur un dénivelé de 50 mètres. En amont du bélier, une crépine permet de filtrer les éléments grossiers ; en aval ils ont construit deux bassins de décantation en ciment couverts (de 100 litres chacun). Après le deuxième bassin 22 mètres de conduite permettent de transporter les eaux vers une cuve de stockage de 4 m^3 en ciment, placée derrière l'habitation.
Seul 1/12e de l'eau prélevée est acheminée vers la cuve, le reste est donc restitué au ruisseau.
Le bélier fonctionne en permanence depuis plus de 17 ans sans aucun problème.
Seul incident : le clapet a séché lors d'un arrêt prolongé et a été remplacé par le cuir d'une chaussure…

De nombreuses sources étaient captées autrefois avec un simple tuyau.

Le captage des eaux de source

On entend par source une sortie naturelle à la surface du sol d'eaux souterraines. Pour capter ces eaux, de simples aménagements suffisent : bac de stockage et de décantation, canalisation, écoulement gravitaire.

Si une source est sur votre terrain, vous pouvez l'exploiter dans certaines conditions[1].

Le captage d'eaux souterraines

Pour capter les eaux souterraines, deux solutions sont envisageables : réaliser un forage dans une formation géologique ou réaliser un puits.

- Un forage est constitué d'un tubage (constitué de plusieurs tubes qui s'imbriquent).

Au niveau de la nappe, le tube est perforé et sert de filtre (les perforations doivent être adaptées à la formation géologique et au débit d'eau souhaité). Au-dessus de la nappe, les tubes doivent être cimentés au terrain.

Un forage capte l'eau de la nappe grâce à une crépine et à un massif filtrant situé le long du tubage (au niveau de la nappe à capter). Le diamètre du forage dépend du débit souhaité (et donc de l'utilisation que l'on souhaite faire de l'eau captée) et de la profondeur. Tout ceci conditionne la méthode de forage, les machines à utiliser.

1. Article 642 du Code civil. Accord à passer devant un notaire pour le partage des eaux, les conditions d'utilisation, les servitudes.

Les captages doivent être protégés (par une cimentation étanche, un dispositif de trop-plein, une porte étanche, une aération efficace, une dalle pour la circulation, etc.).

Un puits, à la différence d'un forage, est un trou vertical peu profond (5 à 12 m) et le captage de l'eau se fait par le fond (un puits capte généralement l'eau de la nappe phréatique souvent de qualité médiocre). Les parois sont maintenues par des anneaux de béton qui forment le cuvelage.

Le choix entre un puits ou un forage sera donc fonction du terrain, de vos besoins en eau et de l'utilisation que vous comptez en faire. Pour l'arrosage du jardin, un puits suffit.Pour alimenter la maison (sanitaires, machines à laver), le forage sera mieux adapté. Des analyses préalables physico-chimiques et bactériologiques vous guideront également dans vos choix (prélèvement d'échantillons et analyse au laboratoire départemental), car bien souvent les nappes phréatiques sont polluées.

Capter les eaux souterraines : les risques pour l'environnement

Rappelons que les nappes d'eau souterraines sont des réservoirs naturellement protégés. Le fait de forer crée une liaison directe entre la surface et la nappe captée. Il y a donc risque de pollution.

Coupe d'un forage courant

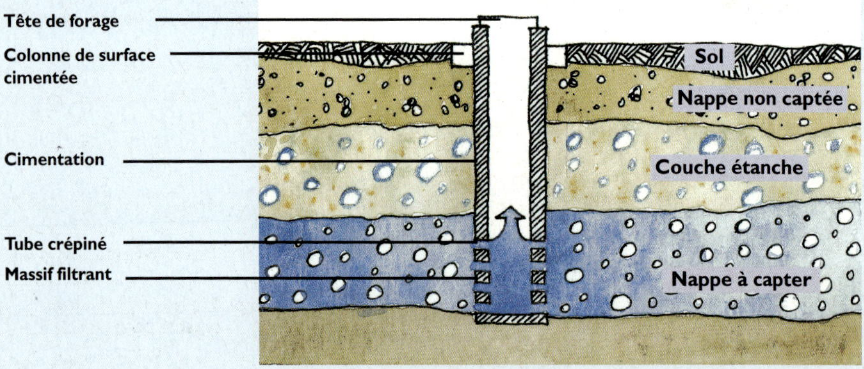

Précautions à prendre

Avant d'entreprendre un forage, l'entreprise doit se renseigner sur le contexte réglementaire local, géologique et hydrogéologique du terrain concerné, car l'eau n'est pas présente partout sous nos pieds et les méthodes de forage seront différentes en fonction des structures géologiques rencontrées.
Le Bureau de recherches géologiques et minières[1] (BRGM) met à disposition gratuitement une banque de données du sous-sol.
Si vous ne voulez pas vous transformer en pollueur potentiel et en pilleur de nappe, faites appel à des professionnels.
Exigez que l'entreprise qui réalise votre forage adhère à la charte de qualité mise en place par le ministère de l'Écologie et du Développement durable, les agences de l'eau et le Syndicat national des entreprises de puits et forage d'eau[2] (SFE).
Cette charte présente les bonnes pratiques qu'il est nécessaire de respecter afin d'éviter toute atteinte à la ressource en eau tant du point de vue qualitatif (un forage mal réalisé peut être source de pollution pour la nappe phréatique) que quantitatif. Vous pouvez demander la liste des foreurs ayant signé cette charte au SFE ou à la DRIRE[3] de votre région.

1. BRGM, dans « Adresses utiles », p. 150.
2. Voir « Adresses utiles », p. 150.
3. Les DRIRE (directions régionales de l'industrie de la recherche et de l'environnement) ont dans leur mission le contrôle des activités liées au sous-sol.

Un forage mal réalisé (défaut d'étanchéité entre la cavité creusée et le tubage), mal entretenu (corrosion, perforation du tubage) et abandonné sans précaution (pas de cimentation des parois) constitue une source de pollution des nappes souterraines. Si la partie haute est mal conçue, une migration rapide des polluants contenus en surface et/ou dans le sol s'effectue vers la nappe. La tête

Ce vieux puits répond à un certain nombre de critères de précaution : ouvrage cimenté, porte d'accès qui peut être verrouillée...

de forage doit être protégée par une margelle de 3 m^2 minimum, dépassant le niveau du sol d'au moins 30 cm. Une cimentation annulaire de 5 cm minimum entre le tubage et les terrains forés permet d'éviter les mélanges des eaux de différentes nappes.
Les forages abandonnés sans précaution sont une voie directe pour la pollution qui passe des nappes supérieures vers les nappes inférieures.

Chaque année, plusieurs milliers de forages sont réalisés. Les principaux sont destinés à l'alimentation en eau potable (collectivités), à l'irrigation et à l'alimentation animale, mais un nombre de plus en plus élevé concerne les particuliers qui peuvent ainsi disposer de « leur » eau à moindre coût... Beaucoup de ces derniers forages ne sont pas déclarés et leur prolifération non maîtrisée fait craindre des pollutions de nappe. En 1999, une étude dans le département de l'Hérault a montré que sur 700 forages, seulement 15 % avaient été déclarés[2]...
De plus, si plus de 600 entreprises – dont certaines, peu scrupuleuses, proposent des tarifs très bas (moins de 1 000 euros par forage) – se disent capables de réaliser des forages, à peine plus de 100 sont réellement compétentes dans ce domaine, aussi renseignez-vous auprès du SFE.
Et comme pour l'eau pluviale, toute interconnexion entre une ressource privée et le réseau public d'adduction d'eau destinée à la consommation humaine est interdite pour des raisons sanitaires. Le réseau alimenté par une eau d'une ressource privée doit être entièrement indépendant du réseau d'eau potable et l'on doit installer un système évitant les retours d'eau.

2. C. Clément, « Chacun cherche son eau... dans son jardin », *Ça m'intéresse.*

Passez à l'action

Carnet d'entretien du puits ou du forage[1]

- Au moins une fois par an (au printemps), faites réaliser une analyse physico-chimique et bactériologique par un laboratoire agréé (laboratoire départemental par exemple) pour déterminer la potabilité de l'eau captée. Pour une utilisation domestique, deux analyses annuelles supplémentaires doivent être faites en automne et en hiver.

- Si vous n'utilisez pas votre captage en hiver, vidangez la pompe si elle se trouve en surface afin d'éviter le gel.

- Contrôle de la pompe et des canalisations : nettoyage régulier de la crépine afin d'éviter le colmatage et une usure prématurée de la pompe.

- Pour assurer l'étanchéité de l'ouvrage, la tête de forage doit être protégée par une dalle en béton en pente vers l'extérieur, scellée avec un coffrage muni d'un couvercle fermé à clé.

- Périmètre de protection : dans la mesure où vous déclarez votre ouvrage à la DDASS et à la mairie, les administrations en tiendront compte lors de l'instruction des permis de construire et cela évitera l'implantation proche de réalisations pouvant occasionner des pollutions.

- L'abandon provisoire ou définitif d'un captage doit être signalé à la DDASS, des conseillers vous donneront les indications pour le comblement, l'extraction de la pompe, la protection de la tête et l'entretien de la zone neutralisée.

- Un puits vaseux doit être curé par un professionnel (attention, des gaz dangereux peuvent s'en échapper).

1. Dans *Le Guide du chercheur d'eau* de T. Gautier.

Avant de vous engager dans une entreprise de forage difficile et non sans risque pour l'environnement, pensez plutôt à récupérer l'eau de pluie : elle est abondante en France, sa gestion cause des soucis aux collectivités, et elle est facile à collecter !

Conclusion

L'eau, source de vie qui apporte fraîcheur et confort, semble être une ressource inépuisable...
Pourtant, à mesure que la population augmente, les ressources s'amenuisent et les pollutions se multiplient.
Devons-nous attendre que la crise de l'eau se déclare avant d'agir ?
C'est maintenant que nous devons maîtriser nos consommations.

Nous sommes acteurs de nos choix, nous pouvons et devons nous renseigner sur les produits que nous consommons, nous devons utiliser notre pouvoir de citoyen afin que l'État connaisse nos préoccupations au sujet de la préservation de l'environnement. Vous pouvez intervenir en participant aux réunions publiques, en donnant votre opinion lors des enquêtes publiques, en répondant aux invitations des responsables de la concertation (une collectivité territoriale, un établissement public, une entreprise privée). N'hésitez pas à donner votre avis, à suggérer des améliorations, à attirer l'attention sur des problèmes de nuisances (bruit, air, eau, paysage...) liés à des projets d'aménagement.

Le droit à une eau de qualité pour tous se gagnera à la fois par l'action collective et par le changement de nos habitudes individuelles.

Chacun à notre niveau, nous pouvons faire quelque chose, de grands changements ne sont pas indispensables. Nous pouvons commencer par de petits gestes, des petites économies.
Si chaque Français économisait ne serait-ce que 1 litre d'eau par semaine (ce qui n'est vraiment pas grand-chose...) nous pourrions économiser en France facilement 3 millions de m^3 d'eau potable.

pour en savoir plus

Annexes

Les cycles biogéochimiques

La biosphère est gouvernée par trois types majeurs de cycles biogéochimiques qui sont tous interdépendants :
– Le cycle de l'eau, voir illustration p. 13 ;
– Les cycles du carbone, de l'oxygène et de l'azote ;
– Les cycles du soufre et du phosphore.

Cycle de l'azote

L'azote (N) est le gaz plus important en quantité dans l'atmosphère terrestre (78 %), il s'y trouve sous forme diatomique N_2.
L'azote est indispensable aux organismes vivants car il permet entre autres de fabriquer leurs protéines. Pour pouvoir être utilisé par les organismes vivants, l'azote doit être lié à d'autres molécules comme l'oxygène ou l'hydrogène.
Le cycle de l'azote est très complexe et fait intervenir une multitude d'êtres vivants.
Certains micro-organismes qui vivent dans l'eau et le sol (comme les cyanobactéries et les bactéries vivant en symbiose avec les légumineuses) ont la capacité de fixer l'azote (c'est-à-dire de l'associer à d'autres molécules comme l'oxygène ou l'hydrogène).
D'autres organismes permettent de transformer les produits de la fixation en nitrites et nitrates, c'est la nitrification.
Enfin, une dernière catégorie d'êtres vivants permet de renvoyer l'azote à l'atmosphère sous sa forme moléculaire N_2, grâce à la dénitrification.

Le cycle du phosphore

Le phosphore est lui aussi indispensable à la vie, car il est essentiel à la fabrication des acides nucléiques[1].
Le phosphore contenu dans le sol est absorbé par les plantes. Les animaux trouvent leur source de phosphore dans leur alimentation.
Une partie du phosphore retourne aux sols à partir des excréments d'animaux et de la matière organique morte. Une autre partie est transportée vers les océans où une fraction est utilisée par les organismes marins, l'autre se dépose au fond des océans et se sédimente. Les phosphates en excès dans les sols sont lessivés vers les systèmes aquatiques.
Les phosphates présents dans les milieux aquatiques favorisent la croissance des végétaux car ce sont de véritables fertilisants. Cela engendre alors des problèmes d'eutrophisation des eaux de surface.

1. Les acides nucléiques jouent un rôle fondamental dans le stockage, le maintien et le transfert de l'information génétique. Il existe deux types d'acide nucléique : l'acide ribonucléique (ARN) et l'acide désoxyribonucléique (ADN).

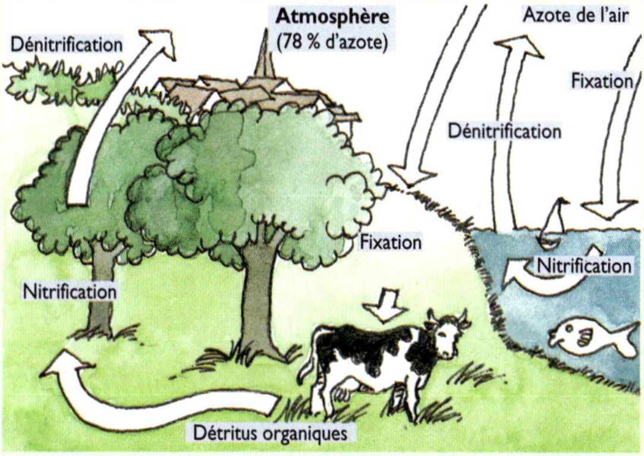

Le cycle de l'azote

Fixation de l'azote de l'air par certaines bactéries des sols et de l'eau
↓
Utilisation par les végétaux et les animaux
↓
Formation d'azote organique (résidus de récolte, déjections animales et humaines)
↓
Nitrification (transformation biologique de l'azote organique, ou nitrate, assimilable par les plantes)
↓
Dénitrification (libération d'azote dans l'atmosphère)

Comment fonctionnent les comités de bassin et les agences de l'eau

À chaque bassin correspondent deux instances chargées de gérer et de protéger les ressources en eau à l'échelle de ce bassin : le comité de bassin et l'agence de l'eau.

• Les comités de bassin

Les comités de bassin regroupent différents acteurs, publics ou privés, agissant dans le domaine de l'eau (représentants des régions et des collectivités locales, représentants des usagers et de personnes compétentes, représentants désignés par l'État des milieux socioprofessionnels). Leur objet est de définir de façon concertée les grands axes de la politique de gestion de l'eau et de protection des milieux naturels aquatiques, à l'échelle du grand bassin versant hydrographique.

Les comités de bassin élaborent une politique de gestion de l'eau conciliant les besoins du bassin avec les orientations nationales.

• Les agences de l'eau

Les agences de l'eau sont les organismes exécutifs chargés de mettre en œuvre la politique des comités de bassin. Les agences de l'eau sont des établissements publics administratifs, dotés de la personnalité civile et de l'autonomie financière.

Elles sont placées sous la tutelle du ministère chargé de l'Environnement et sous celle du ministère chargé des Finances.

Les agences de l'eau distribuent des aides financières aux collectivités locales, aux industriels et aux agriculteurs qui s'engagent à sauvegarder les ressources et la qualité de l'eau. Elles apportent une aide technique et financière aux personnes publiques et privées qui réalisent des opérations de lutte contre la pollution, des projets visant à économiser et à préserver la ressource en eau.

Pour subventionner ces opérations, les agences de l'eau perçoivent des redevances auprès de tous les utilisateurs de l'eau, calculées selon le principe du « pollueur-payeur », en fonction des quantités de pollution rejetées et des volumes d'eau prélevés.

L'action des agences de l'eau est planifiée sur 5 ans, sous forme de « programmes d'intervention » qui fixent les priorités d'action.

Il existe aujourd'hui 7 comités de bassin sur le territoire métropolitain correspondant aux 6 grands bassins hydrographiques français, le comité de bassin Rhône-Méditerranée-Corse étant séparé en deux depuis le 22 janvier 2002 en Rhône-Méditerranée et Corse.

La loi 64-1245 du 16 décembre 1964 et le décret du 14 septembre 1966 ont institué le comité de bassin. La loi sur l'eau du 3 janvier 1992 a chargé les comités de bassin d'élaborer les schémas départementaux d'aménagement et de gestion de l'eau (SDAGE). Les SDAGE sont des outils de planification (sur 10 à 20 ans) de la politique de l'eau à l'échelle du bassin.

Exemple du bassin Rhône-Méditerranée-Corse

En 1996, après 5 ans de travail et de concertation, le comité de bassin (alors Rhône-Méditerranée-Corse) a adopté à l'unanimité le SDAGE Rhône-Méditerranée-Corse.

Celui-ci détermine pour 15 ans les orientations fondamentales d'une gestion équilibrée de la ressource en eau et les aménagements à réaliser pour les atteindre :

– Poursuivre toujours et encore la lutte contre la pollution ;
– Garantir une qualité d'eau à la hauteur des exigences des usages ;
– Réaffirmer l'importance stratégique et la fragilité des eaux souterraines ;
– Mieux gérer avant d'investir ;
– Respecter le fonctionnement naturel des milieux ;
– Restaurer ou préserver les milieux aquatiques remarquables ;
– Restaurer d'urgence les milieux particulièrement dégradés ;
– S'investir plus efficacement dans la gestion des risques ;
– Penser la gestion de l'eau en termes d'aménagement du territoire ;
– Renforcer la gestion locale et concertée.

Ce SDAGE constitue la référence commune pour tous les acteurs de l'eau, puisqu'il bénéficie d'une légitimité politique et d'une portée juridique.

L'agence de l'eau, en tant qu'établissement public de l'État, apporte pour sa part sa contribution à la mise en œuvre du SDAGE avec son programme financier d'intervention.

L'agence de l'eau va consacrer près de 1,85 milliard d'euros sur 4 ans à son programme. Une recette équivalente lui sera assurée par le produit des redevances qu'elle perçoit sur les usages de l'eau auprès des personnes publiques ou privées.

Une collectivité qui œuvre concrètement

Cholet est la cinquième ville des pays de la Loire. Avec 450 PME-PMI et plus de 30 000 salariés, le Choletais est le deuxième bassin industriel du Grand Ouest. Néanmoins, cette région est restée rurale et les exploitations agricoles (pour l'élevage principalement) y sont nombreuses.

La communauté d'agglomération du Choletais, constituée de 13 communes (83 000 habitants), a de nombreuses compétences dont l'assainissement, la gestion des eaux pluviales, la production et la distribution d'eau potable, la protection et la mise en valeur de l'environnement et du cadre de vie.

Sur la communauté d'agglomération, les eaux destinées à la production d'eau potable sont puisées dans le lac artificiel du Ribou.

À la suite de dépassements de valeurs seuils[1] des eaux brutes (pour ce qui concerne la matière organique), la préfecture a demandé à la communauté d'agglomération de mettre en place (en 2003) un plan de gestion pour réduire les pollutions diffuses et pouvoir ainsi continuer à utiliser le captage du Ribou pour l'alimentation en eau potable.

La première étape a consisté à réaliser un diagnostic global sur le bassin versant : historique des pollutions, recensement des activités, simulation et estimation des rejets. De ce diagnostic il est ressorti que les pollutions organiques et celles dues au phosphore sont d'origine agricole pour 60 %. Les pollutions azotées sont quant à elles dues à 85 % à l'agriculture (élevage, cultures, ruissellement), mais ne posent pas de problème sur ce bassin versant. En effet, les concentrations en nitrate des eaux brutes n'ont jamais dépassé 50 mg/l (valeur seuil de potabilité). Elles ont tendance à stagner depuis l'année 2000. Le phosphore, lui, ne diminue pas et les toxines produites par les cyanophycées[2] commencent à causer de sérieuses difficultés, notamment au niveau de la production d'eau potable.

La communauté d'agglomération a institué un plan de gestion comprenant la mise aux normes des installations agricoles et des stations d'épuration urbaines, ainsi que la limitation à la source du phosphore. Elle a mis en place un programme d'actions dont des actions de sensibilisation afin de modifier les comportements tant des agriculteurs que des usagers domestiques, qui rejettent via leurs eaux usées près de 40 % du phosphore. Voici quelques exemples :

- Organisation de journées techniques et de conseil pour les agriculteurs (plantation des haies, réalisation d'un plan d'épandage, etc.) ;
- Sensibilisation des prescripteurs qui conseillent les agriculteurs, notamment sur la fertilisation et les plans d'épandage ;
- Sensibilisation des particuliers afin qu'ils adoptent un comportement respectueux de l'environnement : utilisation des lessives sans phosphates, économies d'eau, conformité des assainissements autonomes, etc.

Afin d'inciter les agriculteurs à modifier leurs pratiques, la communauté d'agglomération met en place des contrats d'agriculture durable par lesquels, en contrepartie d'une aide financière, l'agriculteur s'engage à respecter les exigences de la collectivité. En concertation avec les acteurs agricoles (associations, chambre d'agriculture, DDAF – direction départementale d'agriculture et de la forêt...) des mesures types permettent d'améliorer la qualité de l'eau (par exemple : système fourrager à base d'herbe, reconversion de terres arables en prairies, bandes enherbées...). L'agriculteur signataire d'un contrat pour une durée obligatoire de 5 ans choisit un minimum de 3 mesures et définit la localisation des aménagements sur son exploitation.

1. Au-delà de certaines concentrations de polluants dans les eaux brutes, on ne peut plus utiliser l'eau pour la production d'eau potable. Mais ce n'est pas parce que le seuil est dépassé dans l'eau brute que l'eau distribuée n'est pas conforme. Ce sont des traitements supplémentaires qu'il faut mettre en place.
2. Cyanophycées ou algues bleues sont des bactéries que l'on retrouve dans l'eau douce de surface, elles se multiplient facilement grâce à la présence de phosphore et libèrent des substances toxiques.

Eau potable et seuils réglementaires

I. Limites de qualité des eaux brutes (avant traitement) utilisées pour la production d'eau destinée à la consommation humaine

1. Paramètres organoleptiques	Coloration après filtration dépassant 200 mg/l de platine en référence à l'échelle platine/cobalt
2. Paramètres en relation avec la structure naturelle des eaux	
Température de l'eau	Supérieure à 25 °C (cette valeur ne s'applique pas dans les départements d'outre-mer)
Chlorures	200 mg/l
Sulfates	250 mg/l
Sodium	200 mg/l
Pour les eaux superficielles, pourcentage d'oxygène dissous	Inférieur à 30 % de la valeur de saturation
3. Paramètres concernant des substances indésirables	
Nitrates	50 mg/l (NO_3) pour les eaux superficielles, 100 mg/l (NO_3) pour les autres eaux
Ammonium	4 mg/l
Oxydabilité (KMnO4) en milieu acide	10 mg/l
Phénols (indice phénol) para-nitraniline et 4-amino-antipyrine	0,1 mg/l
Agents de surface (réagissant au bleu de méthylène)	0,5 mg/l
Hydrocarbures dissous émulsionnés après extraction	1 mg/l
Zinc	5 mg/l
Baryum	1 mg/l (Ba) pour les eaux superficielles
4. Paramètres concernant des substances toxiques	
Arsenic	100 µg/l
Cadmium	5 µg/l
Cyanures	50 µg/l
Chrome total	50 µg/l
Mercure	1 µg/l
Plomb	50 µg/l
Sélénium	10 µg/l
Pesticides	5 µg/l et par substance individualisée 2 µg/l
Hydrocarbures polycycliques aromatiques : – fluoranthène ; – benzo (3,4) fluoranthène ; – benzo (11,12) fluoranthène ; – benzo (3,4) pyrène – benzo (1,12) pérylène ; – indéno (1, 2, 3-cd) pyrène	Pour le total des 6 substances : 1 µg/l 5.
5. Paramètres microbiologiques	Eau ne contenant pas plus de 20 000 *Escherichia coli* et plus de 10 000 entérocoques par 100 ml d'eau prélevée.

2. Limites de la qualité des eaux (après traitement) destinées à la consommation humaine

1. Paramètres organoleptiques	Coloration après filtration dépassant 200 mg/l de platine en référence à l'échelle platine/cobalt
2. Paramètres chimiques	
Acrylamide	0,10 mg/l
Antimoine	5 µg/l
Arsenic	10 µg/l
Baryum	0,7 mg/l
Benzène	1 µg/l
Benzo(a)pyrène	0,01 µg/l
Bore	1 mg/l
Bromates	10 µg/l
Cadmium	5 µg/l
Chrome	50 µg/l
Chlorure de vinyle	0,5 µg/l
Cuivre	2 mg/l
Cyanures totaux	50 µg/l
1,2-dichloroéthane	3 µg/l
Épichlorhydrine	0,1 µg/l
Fluorures	1,5 mg/l
Hydrocarbures aromatiques polycycliques	0,1 µg/l
Mercure total	1 µg/l
Microcystine-LR	1 mg/l
Nickel	20 µg/l
Nitrates	50 mg/l
Nitrites	0,1 mg/l de nitrites en sortie des installations de traitement, 0,5 mg/l au point de conformité ; de plus la somme des paramètres nitrates (divisé par 50) et nitrites (divisé par 3) doit être inférieure à 1
Pesticides	0,1 µg/l par substance (0,03 mg/l pour l'aldrine, la dieldrine, l'heptachlore et l'heptachloroépoxyde)
Total des pesticides	0,5 µg/l
Plomb	10 µg/l
Sélénium	10 µg/l
Tétrachloroéthylène et trichloroéthylène	10 µg/l
Total des trihalométhanes	100 µg/l
Turbidité	1 NFU 3.
3. Paramètres microbiologiques	L'eau ne doit contenir aucun *Escherichia coli* ni entérocoques

Source : Décret n° 2001-12-20 relatif aux eaux destinées à la consommation humaine à l'exception des eaux minérales naturelles.

Glossaire

Adsorption : phénomène physique de fixation de molécules sur la surface d'un solide.

Hydrologique : relatif à l'eau ou à l'hydrologie (science des eaux)

Bassin versant : unité géographique de terres irriguées par un même réseau hydrographique dont les eaux convergent vers le même point bas.

Biodégradabilité : capacité d'une substance à se décomposer par l'action des micro-organismes, champignons et/ou bactéries.

Cellulose : substance caractéristique de la membrane des cellules végétales.

Dureté : teneur d'une eau en ions calcium et magnésium. La dureté s'exprime en TH (titre hydrotimétrique), une eau dure a un TH supérieur à 30 degrés.

Écosystème : association d'un environnement physico-chimique spécifique avec une communauté vivante les deux étant en perpétuelle interaction (Tansley 1935).

Eau brute : eau qui n'a subit aucun traitement, notamment pour la rendre potable.

Eau de consommation : eau distribuée par le réseau d'eau potable.

Eaux grises : eaux générées par les activités humaines domestiques sans eaux vannes.

Eaux minérales : eaux contenant des minéraux en solution utilisées en boisson à des fins thérapeutiques..

Eau naturelle : eau présente dans la nature.

Eaux de source : eaux issues de nappes d'eaux souterraines dont la qualité chimique et bactériologique est naturellement conformes aux normes de potabililité.

Eau utile : stock d'eau mobilisable et exploitable.

Eaux vannes : eaux des WC .

Efluents organiques : résidus chargés en matière organique (excréments, produits résiduels de l'industrie agro-alimentaire).

Eutrophisation : enrichissement excessif de l'eau en azote et/ou en phosphore entraînant des déséquilibres écologiques.

Faucardage : coupe des herbes des rivières et des marais au moyen d'une grande faux.

Floculation : agglomération des particules colloïdales en petits flocons.

Formation géologique : ensemble de roches qui constituent une structure définie.

Groupe hydrophore : système de pompe qui se met en route dès la première demande d'eau, assure une pression constante et prévient la marche à sec.

Humus : substance résultant de la décomposition partielle, par les micro-organismes du sol, des déchets végétaux et animaux.

Hydrosystème : ensemble des cours d'eaux, des bassins versants, des nappes phréatiques et des écosystèmes aquatiques qui leur sont associés.

Karst : processus d'érosion par dissolution. Dans les calcaires karstiques, les eaux pénètrent le calcaire et circulent rapidement et en profondeur en dissolvant la roche, créant canyons, grottes et autres formes typiques.

Lignine : constituant organique que l'on trouve dans les cellules de soutien de la paille et du bois.

Nanofiltration : traitement mécanique de l'eau par passage à travers des membranes filtrantes ayant des pores de 3 à 10 nanomètres.

Le nanomètre est une unité 1 milliard de fois plus petite que le mètre.

Nappe aquifère : nappe d'eau souterraine.

Particules colloïdales : particules très petites en suspension dans un liquide.

Pasteuriser : stériliser par échauffement (à environ 80 °C).

Perméabilité : capacité d'une roche à laisser passer l'eau.

Porosité : capacité d'une roche liée à contenir l'eau, à la présence de pores qui la constituent.

Qualité microbiologique de l'eau : pour être potable, l'eau doit être exempte de micro-organismes (virus, bactéries).

Réactif : substance employée pour réagir avec une ou plusieurs espèces chimiques en solution.

Réseau d'eaux pluviales : dispositif de collecte et d'évacuation des eaux pluviales.

Ripisylve : forêt riveraine du cours d'eau qui joue un rôle essentiel dans le fonctionnement de l'hydrosystème fluvial, elle régule notamment le cycle du phosphore et de l'azote...

Adresses utiles

Associations

- ADES, Association Démocratie Écologie Solidarité, 12 rue Voltaire, 38000 Grenoble. Tél.-fax & répondeur 04 76 03 24 28. www.ades-grenoble.org
- ADOPTA, Association douaisienne de promotion des techniques alternatives, 3 place d'Haubersart, 59500 Douai. Tél. 03 27 94 42 10, le jeudi de 8 h 30 à 12 h 00, fax 03 27 94 40 39. http ://adopta.free.fr
- Association ATTAC, 66-72 rue Marceau, 93100 Montreuil-sous-Bois. Tél. 01 41 58 17 40. www.attac.fr
- Association pour le Contrat mondial de l'eau c/o France Libertés, 22 rue de Milan, 75009 Paris. www.acme-eau.com
- Association douaisienne de promotion des techniques alternatives : http ://adopta.free.fr
- Association Eau Secours, 106 bis rue Abbé-Grégoire, 38000 Grenoble. Tél. 04 76 49 23 27, fax 04 76 48 90 18. http ://eausecours.free.fr/
- Association Eau vivante, 11 rue Maurice-Daniel, 44200 Nantes. Tél. 02 40 48 26 51. http ://eauvivante.free.fr
- CACE, Coordination des associations des consommateurs d'eau. www.seaus.org
- CIPEL, Commission internationale pour la protection des eaux du Léman contre la pollution, avenue de Chailly 23, case postale 80, Lausanne 12, Suisse. Tél. ++ 41 (0)21 653 14 14, fax ++ 41 (0)21 653 14 41. www.cipel.org
- Eau Secours 31, Association des usagers de l'eau de la région toulousaine, 10 bis rue du Colonel-Driant, 31400 Toulouse.
- FNE, France Nature Environnement, réseau eau, 6 rue Dupanloup, 45000 Orléans Tél. 02 38 62 55 90.
- Les Jardiniers de la mer, BP 574, 83411 Hyères Cedex HV Tél. 04 94 35 76 12, fax 04 94 65 20 09. http ://laurent.laffond.free.fr/
- MCE, Maison de la consommation et de l'environnement, 48 boulevard Magenta, 35000 Rennes. Tél. 02 99 30 35 50. www.mce-info.org

Achats (pour une consommation durable)

- Vous trouverez des informations comparatives sur les filtres pour l'eau par exemple sur www.test-achats.be et www.60millions-mag.com
- L'Observatoire de la consommation durable, rue des Chevaliers, Bruxelles 1050. www.observ.be
- Réseau Biocoop : réseau de magasins coopératifs de produits biologiques et d'écoproduits : www.biocoop.fr

Institutionnels

- BRGM, Bureau de recherche géologique et minière, 3 avenue Claude-Guillemin, BP 6009, 45060 Orléans Cedex 2, tél. 02 38 64 34 34, fax 02 38 64 35 18, www.brgm.fr et http ://infoterre.brgm.fr (Banque de données du sous-sol).
- Cemagref, Institut de recherche pour l'ingénierie de l'agriculture et de l'environnement, direction générale, parc de Tourvoie, BP 44, 92163 Antony Cedex. Tél. 01 40 96 61 21, fax 01 40 96 62 25. www.cemagref.fr
- CERIMER, Centre d'études, de recherches et d'informations sur la mer, faculté des sciences de Luminy, 163 avenue de Luminy, 13288 Marseille Cedex 9.
- Conseil général de Seine-Saint-Denis, direction de l'eau et de l'assainissement, division hydrologie urbaine et environnement, BP 193, 93003 Bobigny Cedex. Tél. 01 43 93 93 93.
- Ifremer, Technopolis 40, 155 rue Jean-Jacques-Rousseau, 92138 Issy-les-Moulineaux. Tél. 01 46 48 21 00, fax 01 46 48 21 21. Sur leur site internet www.ifremer.fr, vous pouvez voir un schéma animé d'une station d'épuration.
- l'Institut français de l'environnement, 61, boulevard Alexandre-Martin, 45058 Orléans Cedex. Tél.02 38 79 78 78. www.ifen.fr. Il organise et anime la collecte et le traitement des données sur l'environnement, les risques naturels et technologiques en vue de la production et de la diffusion de l'information.
- Préfecture de la région Bretagne, Secrétariat général pour les affaires régionales, Mission régionale et interdépartementale de l'eau (MIRE), 3, avenue de la Préfecture 35026

Rennes Cedex 9, www.bretagne.pref.gouv.fr (vous trouverez sur leur site internet un dossier complet sur la pollution générée par les nitrates)

Pour faire valoir vos droits de citoyen et déposer des plaintes au niveau européen, voici les services à contacter :
- par écrit le Bureau des pétitions du Parlement européen, 97-113 rue Belliard, 1040 Bruxelles, Belgique ;
- le médiateur européen, 1 avenue du Président-Robert-Schuman, BP 403, 67001 Strasbourg. Tél. 03 88 17 23 13, fax 03 88 17 90 62, www.euro-ombudsman.eu.int/glance/fr/default.htm

Récupération de l'eau de pluie

- Joseph Országh a développé un système appelé Pluvalor pour une utilisation de l'eau de pluie comme eau d'alimentation. Vous trouverez sur Internet toutes les indications techniques pour la mise en place d'un tel système : http ://eautarcie.com et www.herzog.nom.fr
- Sur le site de la société 2Eaux (3, rue Maurice-Blin, 67500 Haguenau. Tél. 03 88 90 92 44, fax 03 88 73 33 14, mobile 06 87 86 97 76) : www.2eaux.fr, vous pouvez faire des simulations, calculer votre retour sur investissement et voir en animation comment un système de récupération d'eau de pluie fonctionne.
- La société Wilo (NV WILO SA, 2, avenue de Rusatiralaan, 1083 Ganshoren, Belgique, tél. 02/482 33 33, fax 02/482 33 30) commercialise des systèmes de pompes à intégrer dans la cuve, spécifiquement pour la récupération d'eau de pluie ; vous trouverez des renseignements sur le site : www.wilo.be (email : info@wilo.be).
- L'entreprise Eaux de France, 97 bis rue de Roubaix, 59200 Tourcoing. Tél. 03 20 24 30 40, www.eauxdefrance.fr est spécialisée dans la récupération d'eau de pluie.
- Fournisseur de cuves en polyéthylène : GRAF SA, 45, route d'Ernolsheim, 67120 Dachstein-Gare. Tél. 03 88 49 73 10, fax 03 88 49 32 80, e-mail : info@graf.fr, www.graf.fr/ et www.eau-de-pluie.ch

Réalisation de toitures végétalisées

- Adivet (Association pour le développement et l'innovation en végétalisation intensive de toiture), 61 rue Charlot, 75003 Paris. contact@adivet.org
- Ecovegetal, ferme d'Orvilliers, 28410 Broué, www.ecovegetal.fr.
  Ecovegetal est le leader français de la végétalisation extensive précultivée (ECOSEDUM®), avec plusieurs milliers de m^2 couverts partout en France, en Allemagne, en Belgique…
- Imperfrance, ZI Roubaix Est, BP 59115, Léers, www.derbigum.fr
- Pépinière Patrick Nicolas, 8 sentier du Clos-Madame, 92190 Meudon. Tél. 01 45 34 09 27, fax 01 45 07 80 05, www.patricknicolas.fr
  Cette pépinière est spécialisée dans les plantes grimpantes (lierres, chèvrefeuilles, clématites, glycines etc.), les plantes alpines telles que *Sedum* et *Sempervivum*, et d'autres plantes vivaces pour le soleil et la mi-ombre. Les techniques de culture sont issues des pratiques de l'agriculture bio.
- Siplast, 75680 Paris cedex 14, www.splat.fr un spécialiste de l'étanchéité, notamment des toitures terrasse
- Société Outside, 27, rue de Lozère, 91400 Orsay, tél. 01 60 14 47 84.
- Soprema, département Sopranature, BP 121, 67025 Strasbourg Cedex, www.sopranature.com
- Si vous souhaitez en savoir plus sur les toits végétalisés, vous pouvez-vous renseigner auprès de l'Institut international Green Roof (IGRI), Green Roof Center, Ystadvägen 56, SE-214 45 Malmô, Suède. Tél 46-(0)40.94.85.20 ou www.greenroof.se

Gestion des eaux pluviales

- ADOPTA, Association douaisienne de promotion des techniques alternatives, 3 place d'Haubersart, 59500 Douai. Tél. 03 27 94 42 10, le jeudi de 8 h 30 à 12 h 00, fax 03 27 94 40 39, http ://adopta.free.fr
- Pour réaliser un parking enherbé : Ecovegetal, ferme d'Orvilliers, 28410 Broué, www.ecovegetal.fr

Assainissement autonome

Techniques classiques

- DTU vous pourrez trouver les textes concernant les techniques d'assainissement classiques w ils sont payants (65,40 euros HT) sur le site du CSTB (Centre scientifique et technique du bâtiment) : http ://boutique.cstb.fr
- Éparco assainissement, 78 rue de Provence, 75009 Paris. Tél. 0 825 850 500, www.eparco.info
- Stoc Environnement, 760 route nationale 97, 83210 La Farlède. Tél. 04 94 27 87 27, contact@station-epuration.com, www.assainissement-autonome.com. Cette société propose des microstations d'épuration avec un haut rendement d'épuration.

Techniques alternatives

- Alp'epur, Savoie Technolac, BP 314, 73375 Le Bourget-du-Lac Cedex. Tél. 04 79 25 34 50.
- Association pierre et terre, lacoste, 32400 Labarhete. Tél. 05 62 69 89 28. http://pierre.et.terre.chez.tiscali.fr
- Atelier Reeb, 13 quai des Bateliers, 67000 Strasbourg. Tél. 03 88 36 07 54, atelier.reeb@wanadoo.fr
- Bioréacteur : GRAF SA, 45, route d'Ernolsheim, 67120 Dachstein-Gare. Tél. 03 88 49 73 10, fax 03 88 49 32 80, e-mail : info@graf.fr, www.graf.fr/ et www.eau-de-pluie.ch
- Philippe Redois Conseil, 30 rue Charles De Gaulle, 17800 Pons. Tél. 06 60 22 77 37, 05 4446 95 33 25. Bureau d'études sur l'assainissement par filtres plantés de roseaux pour regroupés (campings, gîtes...) et particuliers, récupération des eaux de pluie, toilettes sèches. France entière.
- Phytorestore, 16-18, rue Jules-Vallès, 75011 Paris. Tél. 01 43 72 92 30, www.phytorestore.com
- SINT, Le Bourg, 69610 Montromand. Tél. 04 74 26 24 04.
- Jean Voisin SA, Les Charmilles, 37360 Beaumont-la-Ronce. Tél. 02 47 24 42 46, fax 02 47 24 82 41, e-mail : j.voisin.sa@wanadoo.fr

Toilettes sèches

- Association Toilettes du monde, 15 avenue Paul-Laurens, 26110 Nyons. Tél. 04 75 26 29 98, fax : 04 75 26 19 02, toilettedumonde@free.fr
- Pour des toilettes publiques : Écosphère Technologies, La Condamine, 26110 Saint-Ferréol-Trente-Pas. Tél. 04 75 26 10 44, fax : 04 75 26 05 60, saniverte@aol.com, www.saniverte.fr
- Joseph Orszagh : joseph.orszagh@skynet.be ; www.eautarcie.com
- Toutes les informations pratiques pour réaliser un bon compost avec vos TLB sont sur www.onpeutlefaire.com/fichestechniques/ft-tlb-compostage.php
- Vous trouverez également des plans pour réaliser vous-même vos TLB à l'adresse suivante : www.onpeutlefaire.com/fichestechniques/ft-tlb.php
- La société Selva (avenue de la République 59113 Seclin. Tél. 02 20 90 35 61), entreprise de récupération du bois certifiée selon la norme ISO 14001, transforme du bois non traité en copeaux utilisables pour les animaux ou comme litière pour les TLB.

Captage des eaux de surface

- À paraître, un guide pour le captage des eaux de surface auprès de la MISE (mission interministérielle eau) de l'Hérault : odile.cruz@agriculture.gouv.fr
- L'entreprise Walton, 7 route de Carbon-Blanc, 33310 Lormont, www.walton.fr, distribue 7 modèles de bélier.

Captage des eaux souterraines

Renseignez-vous auprès du SFE (Syndicat des entreprises de puits et forage d'eau), 10 rue Washington, 75008 Paris.
Tél/fax. 01 45 63 70 40. Vous trouverez sur le site internet le texte de la Charte Qualité www.sfe-foragedeau.com
N'hésitez pas à leur écrire pour connaître la liste des entreprises ayant signé cette Charte.

Bibliographie

ADES, « Enfin l'eau de Grenoble à son juste prix », conférence de presse du 28 novembre 2001.

Agence de l'eau Loire-Bretagne, *Rapport d'activité 2003*, 2003.

ALLIONE Bruno, ARNOULD Philippe, AUGAY Jean-Louis *et al.*, *La Géobiologie et vous*, Roanne, Mosaïque Éditions, 2003.

AMIARD C. et AMIARD J.-C., *Radioécologie des milieux aquatiques*, Paris, Masson, 1980.

ARENE Île-de-France, Forum régional de la HQE, 3e rencontre : « Quelle gestion alternative de l'eau dans les constructions HQE et les projets urbains », 2 juillet 2003.

Association Eau Vivante, « Lions les lettres », lettre de liaison, janvier 2005.

AUBERT Claude et BOSSE-PLATIÈRE Antoine, « Systèmes d'assainissement individuel », *Les Quatre Saisons du jardinage*, n° 143, Terre vivante, novembre-décembre 2003.

AUBERT Claude, « Dossier eau », *Les Quatre Saisons du jardinage*, n° 141, Terre vivante, juillet-août 2003.

BACHER Rémy, « La chasse aux pesticides est ouvertes », *Les Quatre Saisons du jardinage*, n° 141, Terre vivante, juillet-août 2003.

BARBAUT Robert, *Écologie générale, Structure et fonctionnement de la biosphère*, 3e édition, Paris, Masson, 1995.

BARD Édouard, « Le risque climatique », *Les Dossiers de la recherche*, n° 17, novembre-décembre 2004, janvier 2005.

BARRIUSO Enrique, « Les pesticides et les polluants organiques des sols », forum « Le sol, un patrimoine menacé », Paris, INRA, 24 octobre 1996.

BARROIN Guy, « Gestion des risques. Santé et environnement : le cas des nitrates. Phosphore, azote et prolifération des végétaux aquatiques », *Le Courrier de l'environnement*, n° 48, INRA, février 2003.

BAUDOT Bernard (dir.), *Modalités techniques du contrôle des installations d'assainissement non collectif des habitations individuelles*, études sur l'eau, agence de l'eau et ministère de l'Écologie et du Développement durable, juillet 2002.

BERTIER Valérie, « L'exploitation des eaux minérales naturelles est-elle durable au regard du droit communautaire ? », faculté de droit et sciences économiques de Limoges, mémoire de maîtrise de droit public, 1999.

*BOUGUERRA Mohamed Larbi, *Les Batailles de l'eau. Pour un bien commun de l'humanité*, « Enjeux et planète », Paris, Éditions de l'Atelier et Charles Léopold Mayer, 2003.

BOURGOUIN-BAREILLES Anne, *Guide de l'environnement à l'usage des citoyens et des collectivités locales*, Paris, CNFPT, Éditions Frison-Roche, 2000.

BOURGUIGNON Claude, *Le sol, la terre et les champs, de l'agronomie à l'agrologie*, Auxerre, Sang de la Terre, 1996.

BOSSE-PLATIÈRE Antoine, « Épuration individuelle, du bon usage des eaux usées », *Les Quatre Saisons du jardinage*, n° 125, Terre vivante, novembre-décembre 2000.

BOSSE-PLATIÈRE Antoine, « L'épuration des eaux usées par filtres plantés de roseaux », *Les Quatre Saisons du jardinage*, n° 122, Terre vivante, mai-juin 2000. BOSSE-PLATIÈRE Antoine, « Toilettes sèches à compost », *Les Quatre Saisons du jardinage*, n° 123, Terre vivante, juillet-août 2000.

CAÏS Marie-France, DEL REY Marie-José, RIBAUT Jean-Pierre, *L'eau et la vie, enjeux, perspectives et visions interculturelles*, Paris, Éditions de l'Atelier et Charles Léopold Mayer, 1999.

CASTANY Gilbert, *Hydrogéologie, principes et méthodes*, Paris, Dunod, 1998.

CAUE 45, *Comment recueillir et utiliser l'eau de pluie pour la maison et le jardin*, les fiches du CAUE du Loiret, 2003.

CHABANNE-POUZYNIN L. et DEHARBE D., Droit de l'environnement, n° 89, juin 2001.

*CHÉRON James, PUZENAT Alix, *Les eaux pluviales, récupération, gestion, réutilisation*, Paris, Éditions Johanet, 2004.

CHEVALIER Jean et GHEERBRANT Alain, *Dictionnaire des symboles*, coll. « Bouquins » Paris, Robert Lafont, 2000.

CLÉMENT Carole, « Chacun cherche son eau… dans son jardin », *Ça m'intéresse*, n° 283, septembre 2004.

COLLIN Jean-Jacques, *Les Eaux souterraines*, Orléans, BRGM Éditions, 2004.

« Il était temps ! Climat, ce que le protocole de Kyoto va changer », *Courrier international*, n° 728, 14-20 octobre 2004.

DE MARSILY Ghislain, *L'Eau*, « Dominos », Paris, Flammarion, 1995.

DENEUX Marcel, *L'évaluation de l'ampleur des changements climatiques, de leurs causes et de leur impact prévisible sur la géographie de la France à l'horizon 2025, 2050 et 2100*, rapport d'information 224, tome I, Office parlementaire des choix scientifiques et technologiques, Sénat, 2001-2002.

DESCHÊNES Dany, « L'eau, pénurie, conflit ou coopération », bulletin *Le Maintien de la paix*, n° 48, Institut québécois des hautes études internationales, université Laval, Québec, octobre 2000.

DIREN et agence de l'eau Loire-Bretagne, *SDAGE Loire-Bretagne, tableau de bord 2003*, 2003.

DREUX Philippe, *Précis d'écologie*, Paris, PUF, 1986.

ELAIN Christophe, « Première conférence internationale sur les toilettes sèches », *La Maison écologique*, n° 17, octobre-novembre 2003

*ELAIN Christophe, *Un petit coin pour soulager la planète*, Athée, Éditions Goutte de sable, 2005.

ELIADE Mircea, *Le Sacré et le Profane*, « Folio Essais », Paris, Gallimard, 1965.

*ESREY S. *et al.*, *Assainissement écologique*, Stockholm, Agence suédoise de coopération internationale au développement (ASDI), 2001.

« Forages ! Oh désespoir ! », *Eaux et rivières*, n° 129, automne 2004.

FOURNIER Isabelle, « Le SEQ-eaux souterraines », revue de l'agence de l'eau Adour-Garonne, n° 81, hiver 2001.

GAUTIER Thierry, *Le Guide du chercheur d'eau*, Paris, G. Trédaniel, 2004.

GAUZIN-MÜLLER Dominique, *L'Architecture écologique. 29 exemples européens*, Paris, Le Moniteur, 2001.

GENOUDET Évelyne, « Les dangers de l'eau, dossier l'eau du robinet de la source au verre », bulletin de l'association médicale Kousmine internationale, 1er trimestre 2001.

GLEYSES G., RIEU T., *L'irrigation en France, état des lieux 2000 et évolution*, Antony, Cemagref, 2004.

HERVÉ Alain, « Lanternes, vessies et enchanteurs », *L'Écologiste*, n° 14, 4e trimestre 2004.

IFEN, *Les Pesticides dans les eaux, 6e bilan annuel, données 2002, Études et travaux*, n° 42, Orléans, IFEN, juillet 2004.

Institut de la gestion déléguée, « Eau : le temps d'un bilan », *La Gazette des communes*, cahier détaché, 9 août 2004.

*KLEINOD Brigitte, *Végétalisation des toitures, technique et réalisation*, Stuttgart, Ulmer, 2000.

LACARRIÈRE Jacques, *Au cœur des mythologies, en suivant les dieux*, Paris, Oxus, 2004.

LAIMÉ Marc, *Le Dossier de l'eau : pénurie, pollution, corruption*, coll. « L'épreuve des faits », Paris, Le Seuil, 2003.

LANG Bernadette, « Toitures végétalisées, une idée ancienne, des techniques d'avenir », *Les Quatre Saisons du jardinage*, n° 140, Terre vivante, septembre-octobre 2004.

LORIFERNE Hubert (dir.), *40 ans de politique de l'eau en France*, Paris, Économica, 1987.

LORRAIN Dominique, *Dossier eau*, cahier détaché de *La Gazette des communes*, 9 août 2004.

MIQUEL Gérard, *La qualité de l'eau et l'assainissement en France*, Office parlementaire d'évaluation des choix scientifiques et technologiques, Sénat, Service des collectivités, 2003.

MOCH Yves, *Qualité environnementale des bâtiments*, Angers, ADEME Éditions, 2002.

Nature sauvage, nature sauvée ? Écologie et peuples autochtones, Ethnies documents n° 24-25, Paris, Survival, printemps 1999.

Quand les toxiques se jettent à l'eau..., agence de l'eau Artois-Picardie, DRIRE et DIREN du Nord–Pas-de-Calais, Association ACORE, Lille, le 12 octobre 2004.

Que choisir, n° 408, octobre 2003.

Que Choisir, n° 422, janvier 2005.

RACAULT Y. (dir.), *Le lagunage naturel, les leçons tirées de 15 ans de pratique en France*, Antony, CEMAGREF, 1997.

RAMADE François, *Éléments d'écologie appliquée*, 3e édition, Paris, Dunod, 2003.

ROUYRRE Céline, *Guide de l'eau. Comment moins la polluer ? Comment la préserver ?*, Paris, Le Seuil, février 2003.

SALOMON Thierry, BEDEL Stéphane, *La Maison des [néga]watts*, Mens, Terre vivante, 1999.

SEBILLOTTE Michel, « Agriculture et risques de pollution diffuse par les produits phytosanitaires, les voies de prévention et les apports de l'expérience Ferti-Mieux », *Le Courrier de l'environnement*, n° 37, INRA, août 1999.

*THOREZ Jean-Paul, *Le Guide malin de l'eau au jar-*

din, Mens, Terre vivante, 2005.
*VEILLERETTE François, *Pesticides, le piège se referme*, Mens, Terre vivante, 2002.
WAGNER Hans, *Le poireau préfère les fraises*, Mens, Terre vivante, 2001.

Les ouvrages signalés par un astérisque sont particulièrement recommandés.